死刑と日本人

Kikuta Kouichi

菊田幸一

作品社

死刑と日本人

はじめに

「人を殺して死刑になりたかった」、――逮捕された容疑者は、こう供述したのだった。電車内での放火を伴う、衝撃的な京王線の刺傷事件（二〇二一年一〇月三一日）は記憶に新しい。

釧路で四人を死傷させた（二〇一六年六月二四日）容疑者も、同じくこう供述したという。「僕の人生を終わらせたくて、殺人が一番死刑になると思って、人を刺した」と。複数を死傷させる凶悪事件に、自殺願望と死刑制度が影を落としていることがわかる。

大阪心斎橋通り魔殺人事件（二〇一二年六月一〇日）の犯人の動機は、「刑務所出所後、自分の居場所がなく自暴自棄になり、死刑になりたかったから」だという。土浦連続殺傷事件（二〇〇八年三月）の犯人も「死刑になるために人を殺した」、秋葉原通り魔事件（二〇〇八年六月八日）の犯人は「懲役刑よりは死刑になった方がましだと考えた」という。附属池田小事件（二〇〇一年六月八日）の宅間守も「エリートでインテリの子をたくさん殺せば、確実に死刑になると思った」と語ったものだ。

知り合いのホームレスを殺害（二〇〇七年九月二四日、広島平和公園）した男は「自殺する勇気がないので死刑になって死にたい」と語った。この事件の公判で「死刑になりたい」と控訴した被告に、裁判官は「死刑になりたいと軽々しく言うのではなく、真剣に自分の罪の重さを考えなさい」と叱責した。死刑制度が犯行に及ぼした影響に戸惑わざるを得ない。

　これらの事件の背景や動機は様々だが、死刑制度が凶悪犯罪の動機を加速させているとしたら、制度そのものを問題にしていく必要がある。

犯罪という不正義に対して、社会は正義の実現をもって回復する。この正義の実現が法による裁判であり刑罰である。そして最高の刑罰は死刑ということになる。われわれの社会はしかし、死刑によらなければ崩壊するほど脆いものなのだろうか。

　わたしはこれまでに、死刑制度廃止に関する論文・書籍を数多く書いてきた。法理論的なものもあれば、死刑囚の実際に取材したもの、あるいは被害者遺族に寄り添う立場からの書籍も著した。犯罪学を専攻する者として、死刑の問題は刑法の根幹にして最大のテーマであると考えるからだ。

死刑制度の存置はおよそ、現代日本における最大の非近代であろう。死刑に関する世界の趨勢が、停止ないしは廃止へと大きく動いているにもかかわらず、わが国ではその動静は一顧だにされない。日本政府は国連の「市民的及び政治的権利に関する国際規約」（以下、自由権規約）に違反しているのだ。政府はその措置を、国民感情に配慮したものだという。民意を反映していると主張する。

　そうであれば、日本人の国民感情の根源、あるいは国民性にこそ、考察の鉾先を向けないわけにはいかない。本当にわれわれ日本人は、死刑を欲しているのだろうか。もしそうだとしたら、それがどんな契機で、どのように形成されてきた意識なのか。そんな問題意識から、これまでのわたしの死刑廃止論をコンパクトにまとめる一方、われわれ日本人とはどのような国民なのか、文化と特性にまで考えを及ぼしてみたい。

その意味で本書は、死刑制度を通じて考える日本人論である。われわれ日本人が死刑とどう向かい合い、どんな社会をつくろうとしてきたのか。そして今、未来にどんな社会を望んでいるのか。興味のおもむくままに、わたしの本としては平易で読みやすいものになった。肩肘の張った議論ばかりではなく、人類と死刑の歴史、死刑に関する小説作品の読後感も配した。どうか気軽に読んでほしい。この本をきっかけに、読者諸賢が日本人と死刑制度を考えていただければ幸いである。

死刑と日本人＊目次

はじめに
第一章　人間の歴史と死刑　11
感情が死刑を求める／人類は死刑と、どのように向かい合ってきたのか／報復としての死刑制度／中世の法による死刑
第二章　日本における死刑の歴史　35
倭の国の死刑／死刑が停止された平安京／検非違使庁の創設と武士の台頭／平氏政権による死刑復活
第三章　武士道という精神史　55
武士道が死刑を身近なものにしたのか／卑怯な武士道／一騎討ちの時代／解死人を出した村／室町時代の「本人切腹制」と「喧嘩両成敗」／死に名誉を求める武士たち／江戸期の武士道と刑罰／慈悲の思想――仏教とは何か／廃仏毀釈――そのとき、日本人の宗教は失われた／仏壇と神棚、そして御真影／そもそも、神仏習合とは何なのだろうか？／かくして国家神道は宗教であることを否定し、死刑制度が確立された
第四章　われわれは死刑を望む国民になった　109
明治刑法――近代死刑制度の成立／憲法と刑法の矛盾／死刑を容認した最高裁判例と反対意見

第五章　死刑に犯罪抑止力はあるのか　131
犯罪は減っている／殺人は衝動である／死刑が凶悪犯罪を引き起こす／死刑になる責任能力とは何か？／実際には、犯罪は増えていない

第六章　本当に日本人は死刑を求めているのか　155
感情論では死刑存置が当然だ／拮抗している死刑賛成派・反対派／死刑は冤罪を救えない

第七章　死刑廃止論としての終身刑　177
日本における死刑廃止論／団藤重光の主体性論／最近の死刑廃止論／平川宗信の憲法的死刑論／「事実上の終身刑」は実行されている／懲役労働を賠償金に充《あ》てる／終身刑をめぐる議論／アメリカの終身刑の実態／精神を病む死刑囚／被害者感情の多様性

死刑をめぐる作品――文学は死刑をどのようにとらえ、いかに人間の苦悩を描いてきたか
①『犯罪と刑罰』チェーザレ・ベッカリーア　30
②『罪と罰』ドストエフスキー　96
③『死刑囚最後の日』ユーゴー　125

④『復活』レフ・トルストイ　150
⑤『無知の涙』永山則夫　168
あとがきに代えて——現在の死刑廃止運動　211
主な参考文献一覧　216

第一章　人間の歴史と死刑

感情が死刑を求める

日本人の八割が死刑を肯定し、死刑制度は存続するべきだと考えている。八割が死刑を容認する国民感情に照らして、たとい死刑制度が憲法第三六条の「公務員による拷問及び残虐な刑罰は、絶対にこれを禁ずる」に該当しようとも、存置すべきだという。これが、わが国の刑事政策の考え方である。死刑存置の根拠とは国民感情なのである。国連の死刑廃止条約を批准しない理由にも、政府は国民感情を挙げている。

わたしはこの国民感情を、被害者遺族の気持ちとしては共有する。おそらく八割以上の日本人が「肉親を殺されたら、犯人の死刑を望むに違いない」という感情で、死刑を容認しているのだ。わたしもおそらく肉親を殺されたら犯人を憎み、その死刑を望むに違いない。生身の人間の感情に、わたしも素直であるつもりだ。

しかしその憎しみの感情と、死刑制度を廃止しなければならない思考は、まったく別のものと考える。犯人を殺したいという個人の感情をいったん留保し、法理論としての死刑制度と向かい合ってみよう。感情や政治的な恣意性で、人間の命が奪われてはならないからだ。われわれの将来あるべき社会を展望するうえで、国家が人を殺す死刑制度は重くのしかかっている、とわたしは思う。

死刑廃止論と存置論は、つねに二つの折り合わない議論で成り立ってきた。死刑廃止論においては、国家が個人を殺すという非人道性から、人間の尊厳と生命権（生存権）を奪い得ない権利が主張される。人はたとえ公共の利益があろうと、殺されない権利があるとするものだ。

一方、死刑存置論においては、人は殺されない権利があるからこそ、人を殺した人は命をもって償わなければならないとする。廃止論も存置論も、ひとしく「殺されない権利」を論拠としているのだ。

しかしながら、この存置論の応報主義では、おびただしい死刑が必要となる。死刑と無期刑（実は有期）の線引きや冤罪の問題など、死刑制度には問題点が多すぎるのだ。そもそも人命を護るために、死刑で人命を殺す矛盾を、死刑制度は抱えているのだ。

基本的なことから語っていこう。死刑は国家による最高刑罰である。国家による殺人と言い換えても、その実体は同じである。いや、国家による刑罰は「殺人」ではないはずだと、すぐさま反駁が聴こえてきそうだ。

そう、国家による刑罰は刑法上の「殺人罪」にはならない。社会の秩序と安寧のために、国家およびその執行権をもった官吏が犯人に下す刑であり、罪に対する報いであるとされている。これを「応報刑」という。応報刑はしかし、法理論上は復讐では決してない。犯罪と正義のバランスを取るものであって、社会的な法制度である。

ところが、しばしば死刑判決においては、それが国民の処罰感情を代行するものだとされる。裁判官においても、被害者感情を量刑に反映させることが行なわれている。あるいは市民常識を判決に反映させるという考え方から、わが国においては裁判での被害者の発言、そして一般市民を参加させる裁判員制度が重視されてきた。悪いことをしたから裁かれるのと同時に、被害者の救済のために加害者は裁かれる。したがって刑事裁判は単なる応報刑ではなく、被害者と市民参加によって報復の色合いが強くなった。これは応報刑という考え方そのものに、もともと復讐の要素が備わっているからだ。

一方、死刑制度の存在が犯罪を予防する機能をもっている、とする考え方がある。死刑という威嚇をもって凶悪犯罪を抑止する。したがって、死刑は必ずしも応報の厳にあるのではなく、社会の安定を目的としたものだとされる。これが「目的刑」という考え方である。「目的刑」は犯人を改善可能な存在とし、社会の有用な一員として復帰させる目的をもつ。ここでは犯罪予防としての側面から、死刑制度に踏み込むことを強調しておきたい。

応報刑であれ目的刑であれ、それらは死刑制度をどう解釈するかということにすぎない。その実態は国家が人を殺すことで、犯罪者を社会から排除しているのだ。

われわれはもっと、犯罪の実態に踏み込んでみる必要がある。犯罪の個別的な原因や社会的な要因、社会にかかわる諸研究を動員して、犯罪者が社会復帰することで社会全体を防衛する視点から考えなければならない。それは「目的刑」を理論に留めないものだ。これは広くは「教育刑」と定義されている。すなわち行刑は教育的なものであるとする立場だ。一般懲役刑と禁固、罰金刑において、現実に教育的な刑罰は「矯正」として行なわれている。しかしながら、生命を奪う死刑には「教育」の先行きがないのだ。これについては、新社会防衛理論として、後段で述べたいと思う。

死刑制度は人の死で社会の平安をつくり出す威嚇的な効果とともに、犯罪被害者遺族の感情を癒す効果があると考えられている。ところが実態は必ずしもそうではないのだ。加害者を死刑にすることで復讐心は充たされるかもしれないが、そのことで命を失った被害者がもどってくるわけではない。これはしばしば、加害者の死刑執行が行なわれたときに、被害者遺族から聞かされる言葉である。加害者が死ぬことで、空虚さが残るばかりだという。

その空虚な感情を充たすものがあるとすれば、加害者の謝罪と矯正、そして弁済による被害の回復。あるいは加害者をも含めた社会が、事件の再発防止に取り組むことであろう。社会全体にとっても、矯正と再発防止への施策においてメリットが多くなる。いまやわれわれは、そのための知恵をしぼるべきである。世論が問題なのではない。日本人がどのような新しい社会を展望すればよいのか、死刑制度の存否はわたしたち自身を変えるはずだ。

他国の例を挙げておこう。一九八一年に死刑廃止が発議され、二〇〇七年に至って死刑廃止が憲法に明記されたフランスでは、当初は六〇パーセントの国民が死刑廃止に反対であった。国民的な議論を経て、一〇年後にようやく存否が五〇パーセントで拮抗するようになった。その間、何度となく死刑復活の声があがったという。ミッテラン政権のもとで、法務大臣を務めたバダンテールはこう語っている。

政治家は世論に従うのではなく、先行しなければならない。人々が犯罪者を「こいつは怪物だ」と言うとき、勇気ある政治家は「それでも、この怪物は人間だ」と言えなければならない。

世論に単純に追従するのは、デモクラシーではなくデマゴギーである。

イギリスが一九六九年に死刑を廃止したとき、キャラハン内相は世論の過半数が死刑存置であるにもかかわらず、「議会はときとして世論に先行して行動し、それを指導しなければならないときがある」と言明した。先行する叡智と勇気こそが、中世・近世の遺物である死刑を廃止したのである。

人類は死刑と、どのように向かい合ってきたのか

先に死刑が応報刑であるとともに、目的刑であるとわたしは述べた。一方で被害者の感情を救済するのは、報復よりも矯正と賠償による方がメリットが大きいと提起した。ここでは人類が死刑を考えつき、そしてどのように法を整備してきたのか。あるいは人類の思想が死刑とどのように向かい合ってきたのかを考えるために、古代にさかのぼることにしよう。

人類が善悪の知識を得たとされる創世記を手掛かりに、聖書をひもとくことにしたい。キリスト教においては、神への冒瀆が最高の罪であった（「出エジプト記」、「士師記」）。神との約束である安息日を破ることも死刑に値した（「出エジプト記」）。父や母を打つ者、呪う者も「必ず死刑に処せられる」（「出エジプト記」、「マタイ書」）。これらをキリスト教による、教理としての死刑と呼びたい。

そして故意の殺人が戒められ「人を打って死なせた者は、必ず死刑に処せられる」(「出エジプト記」)。誘拐や人身売買も殺人にひとしいものとして、死刑に処せられるとある。性的犯罪(姦通・近親相姦・男色・獣姦)もまた処刑される、とある(「レビ記」ほか)。ここにいたって、聖書は教理であるとともに社会規範を提起しているのだ。

人類をしばる社会的規範、すなわち法の成立は「原罪」に起因する。神という絶対の存在がエデンの園をつくり、そこに人類を置いたという原初の世界。木々に覆われたエデンの園の中央には、「命の木」と「善悪の知識の木」があった。神はどの木から実を食べても良いが、「善悪の知識の木」からは食べてはいけない、とアダムとイブに命じていた。ところが、蛇に誘われたアダムとイブは、神の教えにそむいて「善悪の知識の木」に実ったリンゴを食べてしまうのだ。アダムとイブは神を怖れるようになり、善悪や恥という知識を得てしまう。だが慈悲深い神は、アダムとイブに皮の衣を着せて庇護するのだった(「創世記」第二章)。

もちろん聖書は創作物である。AD(キリスト死後)六五年ごろに「マルコ福音書」が成立し、「マタイ福音書」は七〇年から八五年にかけて、「ルカ福音書」が八〇年から九五年の間に成立したという説が有力である。

聖書は神話的に人類の原罪を物語っているが、実際には生々しい殺し合いが人類史の初源にあったはずだ。獣を狩っては皮の服をつくり、生存のために水を奪い合い、争闘のために石を加工しては武器にした。食料を略奪するために石から銅、銅から鉄へと武器を代え、あるいは弓矢をつくり、楯を使うようになる。狩猟社会においては、生存のために殺し合いを余儀なくされたのである。

やがて気候の変動とともに、定住して木の実や穀物を採取するようになると、食糧の蓄積が行なわれるようになり、集落と田畑が生まれ富が集積する。家族を単位とした狩猟集団から、村が発生したのである。そして村々の争いから、国家が形成されてくる。やがて国の統治のために、法と死刑が誕生するのだ。

報復としての死刑制度

死刑が誕生した理由は、報復・復讐である。仕返しをして、被った損害を回復したい欲求である。復讐することで、加害者との立場のバランスをとる。そんな報復の原理に、われわれの祖先たちは早くから気づいていた。あるいは最初から動物的な本能として、感情による報復がなされたかもしれない。

「創世記」の第四章において、人類は初めての殺人を犯す。アダムとイブの息子カインによる、弟アベル殺しである。ミドラーシュ（聖書解釈）によれば、カインとアベルにはそれぞれ双子の妹がおり、カインはアベルの双子の妹と、アベルはカインの双子の妹と結婚することが決められていたという。アベルの配偶者として取り決められていたルルワは、アベルの双子の妹よりも美しかった。カインがこの取り決めに同意しなかったため、アダムは犠牲の供え物を捧げることで神の祝福を得ることを提案した。そこで神が祝福した者が、ルルワと結婚することとなっていた。ところが、神はカインの犠牲の供え物を公然と拒否したので、カインは嫉妬と怒りで弟を殺害したというものだ。

また「創世記」第四章には、復讐は無制限という表現がみられる。「カインに七倍の復讐があれば、レメクには七七倍の復讐がある」と記されている。これは戦士レメク（カインの子孫）の大仰なもの言いを記録したものだが、もともとは弟殺しの報復を怖れるカインに、唯一神のヤハウェが「カインを殺した者には七倍の復讐がある」と断言したものだ。つまり、神々の時代においては、復讐は無制限に近かったことを意味する。

やがて「旧約聖書」には「契約の書」（「出エジプト記」）において「命には命を、目には目を、歯には歯を」という記述があらわれる。「新約聖書」や「ハンムラビ法典」にも同様の記述がみられる。乱暴な解釈で「やられたら、やり返せ」と考えられがちだが、これは応報刑すなわち等価以上の罰を禁じているのだ。いま風にいえば「倍返しはダメですよ」ということになる。

古代においては、この報復刑がおびただしい死をもたらした。殺した数だけ死刑が発生するのだから、たとえば五〇人が殺されれば、その報復として翌日までに五〇人が処刑され、合計一〇〇人が死ぬことになる。現在のわが国に当てはめてみれば、年間四〇〇人ほどが殺人事件の犠牲になっているから、等価の応報刑ならば、四〇〇人が死刑になるはずだ。年間に四〇〇人といえば、ほとんど毎日死刑が執行されることになる。そのような血なまぐさい社会に、われわれは耐えられるだろうか。おそらく古代の人々も、同じように感じたに違いない。

紀元前五世紀に、ギリシャの哲学者・プロタゴラスは復讐刑の理不尽さを指摘している。「一度なされたこと（死刑）は、取り返しがつかない」と。そのプロタゴラスをソフィストと批判するプラトンは、死刑を以下のように規定している。「自発的に不正を行なう者はいない」（『法律』）。したがって犯罪は、一種の魂の病気にすぎない。そこで法と刑罰は、犯罪者を可能なかぎり治癒する努力を課題とする。これは教育刑という考え方である。

にもかかわらず、「治癒不可能な犯罪者に対しては、罪の懲らしめとして死刑いがいを選択することはできない」（前掲書）と冷淡なのである。哲学者たちは、つねに「取り返しがつかない」理不尽さと「死刑いがいを選択することはできない」現実の前で揺らぐ。

アリストテレスは師匠のプラトンの教育刑と死刑容認に対して、犯罪者の責任および自由意志を認めるところから出発する。犯罪は病気ではなく、自由な個人がその責任において行なったのだから、彼に賠償責任があるというのだ。本質的に人間はポリス的（都市共同体的）な存在であるから、そこを離れてはあり得ない。したがって彼（犯罪者）は、代償を支払うべきだ、というのも、刑罰はギリシャ語でポイネ（金銭的な補償）をあらわすからだ。自由意志において罰は賠償であるという考え方は、近世の社会契約論的な萌芽がみられる。

殺人に対して支払うべき金銭的な補償は、しかし生命をもってしか等価たりえないとアリストテレスは示唆する。とはいえ、アリストテレスも死刑に対する態度では、きわめて曖昧である。それにしても、プラトンもアリストテレスも、紀元前四～五世紀の人である。哲学の発祥は紀元前六世紀のギリシャ（植民地ミレトス）だとされているが、都市国家においてすでに死刑の是非が論じられていたことには驚くほかない。

ここまでわれわれは「新旧聖書」の神話的世界とギリシャ哲学を旅してきた。帝国が外縁まで拡張していったローマにおいては、死刑の議論はどうなったのだろうか。

ローマという国家は、ギリシャやイタリア半島の都市国家が連合し、王政で統合された国家である。

「カエサルの死」(ヴィンチェンツォ・カムッチーニ)部分

やがて王政を排して共和制をとる。同一民族の共同体的な色合いの濃い都市国家と違い、様々な民族・地域を統合する原理、すなわち行政制度と法律が必要だったのである。市民が支持する元老院が政務官(執政官)を選び、政務官が失政を重ねると「国家の敵」として追放される。あるいは自死を強いられることもあった。

のちに帝政に移行してからは、皇帝すら「国家の敵」という烙印を押されて、処刑や自死を強いられた。ローマ帝国の皇帝七〇人のうち、三人が処刑され五人が自殺を遂げている。ほかに暗殺が二三人、暗殺された疑いのある皇帝が八人。病死など自然死と思われる皇帝は、わずか二〇人にすぎない。きわめて血なまぐさい政治文化と言えよう。あるいはこれをもって、民主的な共和制が機能していたというべきなのであろうか。

ちなみにわが国では、暗殺死が確定しているのは飛鳥王朝の崇峻天皇、ただ一人である。それも朝廷内部の権力闘争という側面が強い。君子を殺さない政治文化の日本において、なぜ死刑が存置されているのか。歴史に親しんでみると、きわめて不思議なのである。

ローマの刑罰としては、死刑・四肢切断・笞刑・市民権剥奪・労役・追放・罰金・加辱の八種である。市民に対しては、死刑はほとんど行なわれず、外国人(ローマ属領の民衆)や奴隷に対しては厳しかった。そう、ローマはギリシャの都市国家とはちがい、市民と属領民、奴隷が分離した階級社会だったのである。

そこでの死刑の役割は、前出の「応報刑」とともに「目的刑」が意味を成してくる。犯罪被害への報復よりも、社会の安寧・平安が「目的」にされたのだ。そして古代における社会の平安は、宗教的な秩序でもある。宗教的な異論や異端が、社会秩序を侵すものとして弾圧されたのが、人類の死刑史でもあるのだ。その象徴的なもののひとつに、十字架による磔刑がある。

十字架はイエス・キリストが磔刑に処されたときの刑具である。「旧約聖書」において、磔刑に処された者は「呪われる」とあり、一方ローマでは十字架への磔刑は「国家反逆罪」への刑罰であった。このような「呪い」と「貶め」をイエスが甘受したのは、人類の原罪の深さとそれを死によって解消した、イエスの神性の強さを象徴するものと言えよう。

ではなぜ、イエスは処刑になったのだろうか。イエスは生まれて間もないころ、ユダヤ地方を統治していたヘロデ大王に命を狙われたという（「マタイ書」第二章）。ヘロデ王はイエスに権力の座を奪われるのを怖れたのだ。やがてイエスが宣教活動を始め、安息日に片手の萎えた人を癒したとき、ファリサイ派の人々がヘロデ王派の人々と一緒になって、イエスを殺す相談をした。麦の穂を摘むことと病人を癒す行為は労働とみなされていたからだ。

西暦三〇年ごろ、エルサレムの宗教権力者たちはイエスがガリラヤの祭典にやってきたとき、民衆たちの感化に動揺したとされている。ローマ帝国の支配者たちも、イエスの来訪に不安感を抱いた。

というのも、当時のエルサレムは政情不安にあった。ローマ帝国の占領に対する反乱が相次いでいたために、イエスの信教活動は当初から警戒感をもたれていたのであろう。イエスは突如として逮捕される。捕らえられたイエスは、ローマの総督ピラトのもとで裁判を受け、磔刑に処せられる。訴因は「国家反逆罪」であろう。

この時代の磔刑では、十字架につけられても即死することはなかった。刑を受ける者は両手首と両足首を釘でうちつけられ、体を支えられなくなることで呼吸困難に陥って死に至ったという。そのため、長引く場合は四八時間程度も苦しみ続けて死んだといわれる。

磔刑を行なった兵士たちは、安息日に死体が十字架にかかっていることを嫌ったユダヤ人たちの依頼で、イエスの足を折ろうとしたが、すでに死亡していたためにやめたという。イエスの死を確認するために、兵士が槍でイエスの脇腹を突き刺したという記述も福音書にみられる。

その後は、イエスが死者の中から復活する奇跡をもって、神の意志が人類を庇護するという教理が顕れる。この「復活」はすべての人々にもおよび、罪悪を犯した者も悔い改めることで、救われるというキリスト教の教理となった。

そしてこの「復活」は、最後の審判という終末観とむすび付いている。最後の審判の日、われわれ人間が生前の行ないを審判され、天国行きか地獄行きかを決められる信仰である。神によるものとはいえ、人間が審判されるのだ。

つまり神の裁きを受ける身であること、裁判による善悪の判決に遭うことが、キリスト教の教理の根本にあることに注目しておこう。この「最後の審判」は、ゾロアスター教およびアブラハムの宗教（ユダヤ教、キリスト教、イスラーム教）が共有する終末論的世界観である。この終末観をもとに、中世に至って神の名で死刑が行なわれるようになるのだ。

中世の法による死刑

中世に至ると、われわれの歴史観は辺境にまで視点を広げることができる。ローマ教会の権威が周縁部までおよんだ、蛮勇と戒律の中世ヨーロッパである。

中世ヨーロッパにおいては、刑罰はローマ法よりもやや野蛮な傾向になってしまう。氏族集団の間の紛争では、たとえば他の氏族集団から親族を殺された者が、フェーダという決闘で復讐する方法が採られた。それも、ときには集団的に行なわれた。その際の殺人は、合法とされたのである。

この決闘による復讐は、自然法としての国家の防衛権（戦争の権利）、法理的にはアメリカの当事者主義の起源であるとされる（山内進「中世ヨーロッパの裁判と現代司法」、『法政論叢』第五四・五五合併号）。

また、親族すらも庇うことができない罪。たとえば性犯罪や教会犯罪（カノン法）、夜間の重窃盗などはアハト事件と呼ばれ、当事者は森に追放された。追放された者は「狼の頭をもつ者」つまり獣として、殺されるまで自由に討伐された。中世社会は犯罪者を排除することで、不安定な社会秩序を保ったのである。

フェーダやアハトはひとつの部族法にすぎないが、フランク公国やカペー帝国（フランス）、神聖ローマ帝国（ドイツ・オーストリア）などの統一権力が成立するまで、ヨーロッパ人たちはローマ法を受容しながらも、私法で社会を統御していたとみなせる。したがって、異端審問や魔女狩りなども、教会権力や民衆の私刑としておびただしく行なわれている。ヨーロッパが人権と社会契約を俎上にのぼせるには、一七世紀を待たなければならなかったのだ。

一七世紀の初頭から、社会契約説をはじめ人権思想や近代合理主義の思想を背景に、刑法理論が論壇を占めるようになる。イタリアのベッカリーアは不朽の名著『犯罪と刑罰』において、三権分立論による国家刑罰権の限界を示す一方、罪刑法定主義を打ち立てた。

この国家刑罰権の限界とは、ほかならぬ死刑制度の限界である。ベッカリーアは刑罰の目的についても、加害者に対する将来の犯罪の予防、および威嚇的効果による警告にあるとする目的刑主義の立場に立っている。一方、カントの法治国家思想を継承したフォイエルバッハは、権利侵害説にもとづいて犯罪の成否を判断する客観主義の立場に立つが、罪刑法定主義と目的刑主義をとることでは共通している。

ところが、同じくカントの政治哲学を継承したヘーゲルは、法の絶対性と刑罰の応報性を彼の弁証法哲学のなかに完成させる。そしてヘーゲルの死後、ヘーゲル右派と呼ばれる人々がプロイセンを中心とするドイツ統一国家の政治的な動きのなかで、国家刑罰を絶対化する応報主義を唱えるのだ。犯罪は国民の権利の侵害ではなく、国家の権利の侵害であるとするものだ。

国家の権利を規範として、その否定である犯罪をさらに否定することで、法の権威は回復する。すなわち、ヘーゲル弁証法における「否定の否定」の適応である。これを規範主義という。こうして、帝国主義時代の刑法理論は国家主義的であり、応報主義を全面化させる。一般に応報主義的な傾向を旧派刑法学と呼んでいる。

これに対して、イタリアのチェーザレ・ロンブローゾが、犯罪者の身体的・精神的特徴を分析した『犯罪者論』を著し、犯罪の必然性を説いた。つまり国家や社会の規範から犯罪者を処罰するのではな

「レディ・ジェーン・グレイの処刑」（ポール・ドラローシュ）

く、物理的（身体的・精神的）な要因と社会的要因を犯罪の根拠としてとらえる。犯罪は自由意志によるものではなく、病理と社会的責任がその背景にあるというものだ。そこで、死刑をはじめとする刑罰は社会防衛の観点から行なわれ、社会の安寧を目的とするものとされた。これを新派刑法学と呼ぶ。

ここまでで、近代の哲学者たちの法理論の「ゆれ動き」がよくわかる。死刑のもつ意味をこうして恣意的に分ける根本的な理由は、われわれ人類が死刑の前でその意味を法理的に位置づけなければならないからだ。社会の構成員が正義という価値観を共有できなければ、その社会は安定を欠くものとなる。人がつくった法制度で人が人を殺す。そこには正義の実現がどれほどなされるのかという、普遍的なテーマが横たわっているのだ。

われわれは凶悪な犯罪者が跋扈する社会を望まないが、強権的な独裁者が恣意的な法運用で死刑を乱発する社会も望まない。法は犯罪を抑止するかもしれないが、法が人類にとって犯罪にならない保障、すなわち法の正義を規制する基準は、それではどこに存在するのか。法の正義が、罪と刑罰の均衡であるという意味がここにある。人類が長い歴史のなかで向かい合ってきた、それは普遍的かつ深刻なテーマであり、死刑制度がそこに深くかかわっていることを確認しておきたい。

小括しておこう。犯罪に対する従来の社会防衛論は、犯罪から社会の安全を守るために、加害者を社会から隔離するものとして刑務所を必要としていた。しかし現代における新社会防衛論（フランスのマルク・アンセル最高裁判事の説）は、犯罪者の更生と社会復帰を促す。犯罪者を社会に受け入れ共生することを目指すことで、社会の安全が保持できる、との主張である。

国家と社会は法律で成り立っているが、その実質はまた刑罰によって担保されている。その究極の刑罰が世界的には、かつては死刑であった。いまも日本社会は、本当に死刑によって担保されているのだろうか。さらに歴史に分け入ることで、日本人が死刑を好む国民性をもっているのかどうかを、つまびらかに検証してみたい。われわれにとっていまや、日本人とその精神文化が死刑とどう向かい合ってきたのか、それが問題なのだ。

死刑をめぐる作品――文学は死刑をどのようにとらえ、いかに人間の苦悩を描いてきたか①

チェーザレ・ベッカリーア『犯罪と刑罰』（風早八十二訳、刀江書院）

犯罪と刑罰という課題は、死刑論書のなかで避けるわけにいかない。ところがこの課題については、無限に近い著書がありそうである。われわれにはドストエフスキーの『罪と罰』が最初に浮かぶ古典書である。

歴史的には、ここで取り上げるベッカリーアの『犯罪と刑罰』はドストエフスキーの『罪と罰』は一世紀さかのぼる一七六六年（第五版）に出版されている。▼[1]

本書は刑法学の学術書ではあるが、同時に犯罪学の書でもある。▼[2] 刑法学の学術書でありながら死刑廃止論を論じているところに特質がある。▼[3]

ここで紹介するベッカリーア『犯罪と刑罰』（風早八十二訳）がわが国で発行されたのは昭和四（一九二九）年であるが、訳者は副タイトル「封建的刑罰論の批判」を付している。その意味するところは、ベッカリーアの初版が一七六四年に匿名で出版され▼[4]た当時は司法、行政の独立がなく、彼（二七歳ごろ）はウィーン直属の司法・行政を管轄する統治機構の評議員となっていた。その後、一七八六年（四〇歳）に新刑法典編纂に加わり、死刑反対の論拠を本書で述べるに至ったのである。

ここでは、基本的に風早八十二訳書を紹介するが、昭和初期の出版とはいえ、訳者はその作業に長期間を費やし、底本は明治初期のものである。

ベッカリーア本人も本書を公刊するに際し、たとえば「序論」において、「悪い底意を有《も》つた批評家は、曲解に基いて本書を攻撃している」（同書三頁）……「斯くして、徳及び悪徳には、区別すべき三つ範疇が存する。宗教的・自然的・政治的の範疇がそれである」とし、政治的理念は可変であるが、宗教的・自然的理念は永劫普遍であり「神によって保たれているからである」と断定し、「自分の原理を以ていきなり悪もしくは宗教の破壊者だと仮定しないで貰いたい」（同書七頁）とも述べている。

チェーザレ・ベッカリーア（イタリアの法学者、経済学者、啓蒙思想家）

著者が「序論」で述べている仮説は、本書全般に対する叙述であるが、本書第一六章「死刑に就いて」（八六～一〇四頁）は本書のほぼ六パーセントを占める。著者は、第一五章「刑罰の緩和に就いて」の冒頭において、「刑罰は感覚のある生物を苛なみに苦しめる事を唯一の目的とするものでもなければ、既に犯された犯罪を犯されなかったものとするものでもない」（同書八〇頁）と述べ、本書冒頭（八六頁）で「死刑なるものはよき機構を有《もっ》政治に対して真に有用且つ妥当なるものであるか否かを検討させた。……誰が果たして、人間に対して、その同類を虐殺せしむる機能を果たして真に有用且つ妥当なるものであるか否かを検討させた」と断定している。
本書の初版は匿名で出版された。ドストエフスキーの『罪と罰』も初版は匿名であったが、ベッカリーアの場合は、北ヨーロッパの貿易地であり検閲が緩やかなトスカーナ大公国で、当地の刑事手続の保障に先進的な都市での出版であった。

ベッカリーアが本書を匿名で出版した際に、彼は新刑法典編纂に従事していた。その彼が第一六章冒頭において「人間が同房を虐殺する『権利』を誰がいったい与えることができたのか？」と論破し「この権利は、確かに主権と法律との基礎になっている権利とは別のものだ」としている。彼は、つづいて「死刑はいかなる『権利』にも基づかないものである」と開きなおってはいるが、彼はその後も何回も増補改訂作業をしているところに、その執念がみられる。

しかし家庭的に恵まれたのは晩年であり本書が各国で翻訳されベストセラーとなったのは彼の死後であった（一七九四年没・享年五六）。

本書の圧巻は、上述のごとく法的に構成要件に概当する「死刑」を真正面から拒否したことにある。その英断に共鳴する。現代の日本で、これだけの発言を刑法学者が鮮明にするのはまれである。

本書が影響を与えた主な歴史的記録は、以下のごとくである。

・一七八六年、『犯罪と刑罰』（初版発行地トスカーナ大公国）、死刑と拷問を廃止

・一七八九年、フランス革命における「市民の権利宣言」

・一七九一年、合衆国憲法修正条項

・一八八九年、イタリア刑法典公布、死刑廃止実現等に影響を与えた

本書のような古典的名著の存在を知りつつも、これまでに日本の死刑廃止論の中でほとんど紹介された記憶がないのは、わたしだけだろうか。そのような思案にふける以前に、本書が現代の日本における死刑廃止論にいかに刺激を与え得るかを指摘すべきであろう。

先を急ごう。本書が刑罰論であるとしても、刑事

法論の枠内では名著である。現代の現行法である刑法典は、明治四一(一九〇八)年施行である。

本書が二〇〇年前の出版でありながら現行刑法が死刑を存続している観点から、日本は途方もなく言葉で表現できない野蛮国である、の一言につきる。日本の刑法学者が死刑の罪と罰をどう考えているか、二〇〇年前の本著の紹介をもって、根本論から新たにスタートするしかない。本書が、死刑廃止論にいかなる糧になるかを新たにここに強調したい。

註

▼1　ドストエフスキーが『罪と罰』を書いたのはベッカリーアの『犯罪と刑罰』からヒントを得た、との紹介がある。

▼2　ヨーロッパでのCriminology はアメリカとは対象が異なる。前者では刑事法、刑事政策をも含む法学部内の課題であるが、後者の犯罪学は基本的には社会学部の課題であり、広く犯罪心理学、法社会学まで含む。

▼3　本書はヨーロッパで出版されたが、当時は司法・行政の分離がない時代であり、基本的に法学部出身の著者が死刑論を展開したところに特異性がある。

▼4　幼少時に寄宿したオーストリア支配下のパルマ公国を選び匿名出版となった(小谷眞男訳本、一七三頁参照)。

第二章　日本における死刑の歴史

倭の国の死刑

わが国には、上代《じょうだい》という時代区分がある。一般的には奈良王朝までの古代を指すが、さらにさかのぼって、上代《かみよ》と読んで神世、神話時代となる。神話時代を含めて記録した『古事記』、『日本書紀』は、編纂されたときの伝承や編集意図まで、飛鳥・奈良王朝以前の習俗をはかり知ることができる。そのなかには多くの史実を含んだものもあると考えられるのだ。一見荒唐無稽な神話でありながら、実際の出来事をそこに暗喩しているという意味である。

その神世において、死刑制度はどのような輪郭であったのだろうか。法制史に業績のある瀧川政次郎によると、わが国の古代においては祭祀に近いものだったという。

「今日いうような罪もなければ罰もない。従って今日いうところの行刑なるものもあり得ない。しかし、神慮に戻るツミが犯されたときに、これによって起るマガツミを除去する方法はあった。それがハライ

（解除・祓除）であり、ミソギ（禊）である。故に神代において、今日の刑罰に相当するものは何かといえば、それはミソギ、ハライである」（『日本行刑史』）。

すべては神の意志であり、犯罪もまた神の意志であるから、ミソギとハライで清浄化するしかないというのだ。古代神道の考え方は基本的に、この世の穢れから神の清浄にもどる儀式が、ミソギとハライなのである。

スサノオは天照大神《あまてらすおおみかみ》が神に捧げる衣を織っていたところ、馬の皮を剝いだものを投げ込むなど凶悪な罪を犯した。乱暴狼藉を働いたことへのミソギ（刑罰）は、きわめて厳しいものになった。髪や爪を抜かれ、千座の置戸を負わされて、高天原から追放となった。髪や爪を抜くというのは、もう肉体的な痛みという実体のある刑罰である。社会における実態はどうだったのだろうか。

実はわが国の古代においても、死刑は仮借なく行なわれていた。『魏志倭人伝』と『隋書倭人伝』には、それぞれ次のような記述がある。争いや訴訟は少なかったが、刑罰はそこそこに厳しかったようだ。

魏志倭人伝　其俗国大人皆四五婦　下戸或二三婦　婦人不淫不妬忌　不盗竊少諍訟　其犯法　軽者没其妻子　重者没其門戸及宗族　尊卑各有差序足相臣服

【訳】　その国の習俗では、大人はみな四〜五人の妻を持ち、下戸でも二〜三人の妻を持つ場合がある。婦人は貞節で嫉妬をしない。窃盗はせず、訴えごとも少ない。その法を犯すと、軽いものなら妻子を没し（奴隷とし）、重いものはその一家や一族を没する。尊卑にはそれぞれ差や序列があり、上の者に臣服して秩序が保たれている。

隋書倭人伝　其俗殺人強盗及姦皆死　盗者計贓酬物　無財者没身為奴　自餘軽重或流或杖　毎訊究獄訟　不承引者以木壓膝或張強弓以絃鋸其項或置小石於沸湯中令所競者探之云理曲者手爛或置蛇瓮中取之云曲者螫手矣　人頗恬靜罕爭訟少盗賊

【訳】その風俗では、殺人、強盗及び姦淫はすべて死刑になる。窃盗は盗んだ品を計算して物で賠償させる。財産のないものは身分を没収して奴隷にする。その他は軽重にあわせ流刑にしたり、杖で打ったりする。つねに争い事を尋問、追及し、罪を承認しない者には、木で膝を圧迫したり、強い弓を張って、弓弦《ゆづる》でその首筋を鋸のように引いたりする。沸騰した湯の中に小石を置き、争いの当事者にこれを探らせる。筋道の曲がった者は手がただれるのだという。あるいは蛇を瓶の中に置いて、これを取らせる。曲がったことをした者は手をかまれるのだという。とはいえ、人は非常に心が安らかで静かで、訴えごとはほとんどなく、盗賊も少ない。

『魏志』は三世紀の記録であり、『隋書』は六世紀後半から七世紀のはじめにかけてのものだ。つまり前者は卑弥呼（邪馬台国）の時代、後者は聖徳太子（飛鳥王朝）の時代である。

聖徳太子のころ、まだ独自の律令は成立していなかったものの、唐・隋および百済からもたらされた律令などを参考に、冠位十二階と十七条憲法が成った時期である。「殺人、強盗及び姦淫はすべて死刑」と、かなり厳しい。実は律令は「死刑法」と呼ばれるほど苛酷な法律なのである。そのあたりの事情は中国の律令を、そのまま受け入れたからだと考えられる。

一方『魏志』にみる倭国の刑罰も「その法を犯すと、軽いものなら妻子を没し（奴隷とし）、重いものはその一家や一族を没する」と、これまた厳しい。両者に違いがあるとすれば、倭国は「その一家や一族を没する」という具合に、共同体的な色合いをもっていることだろう。そして必ずしも「死罪」ではなく、「奴隷の身分に落とす」ということであろう。社会は死刑による人的損失をさけていたと考えられる。『魏志』が伝えるところ、倭の社会は「秩序が保たれている」、あるいは『隋書』が伝えるところ、「人は非常に心が安らかで静かで、訴えごとはほとんどなく、盗賊も少ない」というのだ。

そこには、あたかも死刑になじまない、和やかな社会を想像させるものがある。聖徳太子の「和をもって尊しとなす」が、日本社会の協調的な特性であるのか。あるいはその一条は「和」を強調しなければならないほどの社会不安の経験からなのか——。

とはいえ、『隋書』に記録された飛鳥王朝（推古天皇）の刑罰「杖で打ったりする」には、なかなか残虐なものがある。のちの孝謙天皇時代（奈良王朝）のこと、謀反をくわだてた橘奈良麻呂の一味が、「杖」よりも軽いはずの「鞭打ちの刑」で惨殺されているのだ。刑罰の方法が恣意的であるとともに、「殺人、強盗及び姦淫はすべて死刑になる」という記述が信憑性をもって感じられる史実だ。

上代のミソギ・ハライから刑罰への変化を、瀧川政次郎は次のように概括している。

「人智が進歩して神威が衰え、人法（俗法）が神法に取って代わるようになると、このハライがだんだん刑罰に変ってくる。〔ハライであった〕髪爪を抜かれるということは、肉体の苦痛である。故に髪爪を抜くということのハライの意義はだんだん薄くなって、罪を犯した者に肉体的苦痛を与えるということが主眼になってゆく」（前掲書）。

争いや訴訟は少なかったが、刑罰はそこそこに厳しかった倭国が、やがて大和王朝として外国との交渉をかさねるうちに、律令という法体系を確立していく。社会の成熟はそのまま、犯罪の頻発を招いたであろう。とくに政治抗争において、それが顕著にあらわれている。

政権交代がくり返された大和王朝は、すこぶる血なまぐさい時代であった。乙巳の変（大化の改新の始まり）いらい、大王（天皇）の権力を中央集権的に確立したのちも、貴族たちの政争が収まることはなかった。その多くはしかし、未然に事務手続きの段階で発覚している。というのも、律令国家というのは高度な官僚社会だったからだ。

貴族たちは独自の私兵を持たず、任地において兵力を動かせるにすぎなかった。したがって、平城京での挙兵も兵員を動員する文書で手続きをしているうちに、謀叛が漏洩することになったのであろう。かように古代国家で法治主義が完備されていたことには驚かされる。

それはともかく、藤原氏からの立后（光明皇后）に批判的だった長屋王が殺されると、仏教勢力と藤原氏の派閥抗争が激化した。おりしも興福寺の大仏建立、および国分寺・国分尼寺の建立をめぐって、各勢力が合い争う政争となったのだ。藤原広嗣の乱、橘奈良麻呂の乱、恵美押勝（藤原仲麻呂）の乱、そして弓削道鏡事件――。

これら政争・叛乱劇の背景には、朝廷の中枢を占めた仏教勢力と貴族勢力の対立、すなわち国家財政を大仏と国分寺建立についやす仏教国家と、荘園（墾田私有）の認可を求め不要な公共投資（国分寺建立）に反対する貴族政権の対立があったと考えられる。

いずれにしても、東大寺をはじめとする仏教七大寺・仏教道場の武力、血なまぐさい政争から逃れるために、桓武天皇は思いきった行動に出た。平安京（京都）への遷都である。ついでに桓武天皇は、防人の軍団を解体してしまう。軍隊のない国家をつくってしまったのである。わが古代国家は死刑の廃止まで、もう一歩というところまできた。

死刑が停止された平安京

桓武天皇は平安京に都を定めると、常備軍である「軍団」を解体してしまう。この軍団というのは、正丁（成人男子）のうち三人に一人が徴兵されたもので、防人や健児などの別称で知られている。全国の国府のもとに二〇〇〇人から一〇〇〇人という単位で編成され、北方の先住民である蝦夷と緊張関係のある陸奥には、八〇〇〇人から一万人の軍団が配されていた。

その軍団制度を、桓武天皇は各国府を警護する数十人単位の「健児の制」に限定してしまったのだ。おもに郡司の子弟から選ばれた健児たちは、少数精鋭で「鍛えられた一人が一〇〇人に代わるように」と期待された。これはしかし、国民の兵役負担をやわらげると同時に、口分田（庶民の田畑）と国衙領（国有農場）からの徴税を容易にするための経済政策だったのではないか。実は貴族たちの新田開発で税収を上げようとした墾田私財法、すなわち新たな荘園の開発が、朝廷にとっては悩みの種だったのである。

奈良朝の末期から平安朝において、朝廷が貴族の荘園経営を削減しようとしているのは、貧窮する庶民がやむなく荘園開発に借り出されていたからだ。弓削道鏡神託事件の真相は、貴族の荘園を禁じた称徳女帝と法王道鏡への反発から、藤原氏が仕掛けた陰謀的な政争だったという説に注目したい（横山茂彦『山口組と戦国大名』）。およそ摂関政治から院政に至る平安京の政局は、その大半が朝廷と貴族の対立である。おもて向きは帝位をめぐるものだが、底辺にあるのは土地と国民の支配権だったのだ。

ところで、平安京においても血なまぐさい政争は止まなかった。ほかならぬ桓武天皇の実子・平城上皇が重祚（復位）をくわだて、平城京に都をもどそうとしたのである。世に「薬子の変」と呼ばれる事件は、異母弟の嵯峨天皇と異母兄の平城天皇の政争である。二処王朝と呼ばれるほど大きな政争だった。

この変によって、専横をきわめた藤原仲成（薬子の兄）が除かれる。仲成に死罪を望む声が大きく、死刑は執行された。仲成が刑死したのちに、評議の場において「死者はふたたび生きて返されず、あわれむべきことだ」という意見があったとされている（『保元物語』）。どうやらギリシャの哲学者・プロタゴラスと同じ意見の参議がいたようだ。

爾後、この史実が思い起こされた保元の乱に至るまで、三四六年間にもわたって公式の死刑は行なわれなかった。

この死刑中止をもって、死刑制度が廃止されたと考えるのは、しかし誤りである。長徳年間に藤原伊周《これちか》が花山上皇を襲撃した際に、公卿から「死刑にすべき」という意見が出たが、伊周は罪を減じられ流罪となっている。このことから、制度的な廃止ではなかったことがわかる。『日本霊異記』には嵯峨天皇が死刑にするべき人を流罪にしたことをもって、聖君であると評価している。つまり死刑は中止されたが、制度が廃止されたわけではなかったのだ。

とはいえ、死刑が行なわれなかったことは画期的なことで、これは「我が穏健なる国民性が存する」

からだと評されてきた（石井良助『日本法制史概説』）。厳格な律令を導入してみたが、国民性になじまなかったとの立論はしかし、「超歴史的な評価といわざるをえない」（戸川当『平安時代の死刑』）だろう。戸川はこの点について、利光三津夫の「嵯峨朝における死刑停止について」（『法学研究』第三六巻第九号）が指摘する中国の影響を挙げている。すなわち、玄宗皇帝がみずからを徳のある聖天子に擬せんとして、嵯峨天皇が死刑を減らしたというものだ。

もうひとつ、仏教思想の影響も挙げられるだろう（杉山晴康『日本の古代社会と刑法の成立』）。深く仏教に帰依した聖武天皇の奈良王朝において、すでに死刑は流罪に置き換えられていた。流罪による死刑の停止には、恩赦という考え方も入ってくる。現在も法制度として健在な恩赦だが、ここで聖武天皇の娘である孝謙天皇の勅命を挙げておきたい。

勅す。朕至款をもって、二尊の御体平安、宝寿増長の奉為に、一七日のあいだ、四九僧を屈し、薬師琉璃光仏に帰依し、恭敬供養す。其経に云う、続命幡を懸け、四九燈を燃じ、雑類の衆生を放つべしと。竊《ひそ》かにおもんみるに、放生の中、人を救うにしくはなし。宜しく慈教に依りて、天下に大赦すべし。但し八虐を犯し、故殺人、私鋳銭、竊盗、強盗、および常赦に免ぜざる者は、赦すかぎりにあらず、もし死罪に入れば、並びに一等を減ぜよ。

ひらたく訳せば「勅命です。わたしは喜びをもって、お釈迦様と阿弥陀仏の平安、ますます命長らえるよう、一七日間、四九人の僧侶に供養させます。そこで、ひそかに考えたのですが、生けるものを救

「源氏物語絵巻」（斎宮博物館蔵）

い、放生をするにあたっては人も救いましょう。大赦をもって、慈悲をほどこしましょう。ただし八虐の罪を犯した人は赦さない、その代わりに死罪を免じます」ということになる。

この孝謙（重祚して称徳）天皇は、皇太子から即位した女帝である。父母である聖武天皇と光明皇后の遺志をつぎ、東大寺盧舎那大仏および国分寺・国分尼寺の建立に尽くした人である。敬虔な仏教徒であり、慈悲の心を政治にも反映してこのような詔勅を発したものと思われる。

ジャーナリストの佐藤友之は、その著書『死刑と宗教』で、平安時代の三四七年に及ぶ死刑停止について、次のような諸説を挙げている。

①日本人は本来穏やかで、死刑に該当する犯罪は、もともと少なかった。②仏教政策が浸透して、慈悲の精神にあふれていた。③流刑が一般化して、死刑の〝代役〟を果たした。④ときの嵯峨天皇は文人で、血を好まなかった。

このうち①は確証がないとし、②は最澄や空海によって、仏教の民衆化が行なわれたこと、③も関連性はあるとしている。

やはり仏教信仰において怨霊と死穢を嫌った、というのが自然な解釈ではないだろうか。そもそも平安京に遷都したのは、仏教勢力の影響を逃れるためであったとされている。ここで奈良仏教と平安仏教のちがいを説明することで、時代を先にすすめたい。

奈良仏教は顕教である。経典に書かれたものを学ぶ道場であり、そこで得られた知識は政治に色濃く反映された。右にみたとおり、聖武天皇と孝謙天皇の時代に最盛期をむかえ、あたかも宗教国家の体をなしたのである。対するに平安仏教は、密教文化と呼ばれる。密教は貴族による、仏教の私的な信仰である。

一方で、佐藤友之の指摘どおり、最澄によって開かれた天台宗（比叡山）と空海が開いた真言宗（高野山）は、仏教の民衆化を促した。学問と戒律の奈良仏教に対して、平安仏教は戒律と修行、そして大乗経典を用いた大衆化だった。大乗とは乗り物が大きく、誰でも乗れる仏教である。政治よりも民衆へ、中央権力よりも山岳、あるいは地方へと平安仏教は向かったのだった。

最澄と空海の布教力もさることながら、これを後押ししたのは、長らく仏教勢力との争闘をくり広げてきた藤原氏をはじめとする貴族であろう。平安遷都そのものは、早良王の怨念など、血なまぐさい政争が怨霊をなさしめた平城京を離れたかった、という定説に従いたい。

検非違使庁の創設と武士の台頭

ところで軍団の解体は、おそらく治安の悪化をもたらしたものだろう。嵯峨天皇は薬子の変ののち、平安京およびその周囲の治安維持に不安をおぼえ、新たな治安組織の必要を感じた。そこで新設されたのが、検非違使庁である。

改革の時期には、役所もおおいにその役割りを変える。そして必ず、新たな役所が作られる。検非違使庁はそれまで弾正台が務めていた警察権、刑部省の所管であった司法権、さらには平安京における行政・治安・司法をつかさどる京職の役目も兼務するようになる。年輩の方ならご存知かもしれないが、戦前の内務省が警察・土木・労働・衛生・神社神道（官幣社）に至るまで所轄を占めたのと似ている。律令の組織ではない令外官なので貴族以外の人材がおおいに登用され、武士に昇殿の機会をひらいた。この検非違使庁が武士の台頭に決定的な役割りを果たすことになるのだ。

いずれにしても武士の登場こそ、死刑制度に大きく影響をもたらした。すでにみてきたとおり、藤原仲成が処刑されてから「死者はふたたび生きて返されず」という発議があり、平安朝においてわが国の死刑は停止された。

しかるに、薬子の変から保元・平治の乱までにも、地方では血なまぐさい騒乱があったではないか。平将門の乱・藤原純友の乱である。彼らは追討されて鎮圧されたが、これは公的な殺人ではあっても、死刑ではないのか。「追討」と「死刑」は、どう違うのだろうか。

わたしは「追討」については、法的な手続きはともかくとして、本質的には「死刑」だと考える。単に平将門と藤原純友の首が、京でさらされたからというわけではない。内乱罪の首魁、および外患誘致罪が死刑になるのと同様である。謀反という刑事上の構成要件を満たすべく実行に移した段階で、すでに「追討」される理由をもっているからだ。その動機が正当であるか否か、追討令を下す政権が正当であるか否かは問わない。

実体的にも、そして形式上も、政権にとって謀叛は犯罪なのである。律令にも「謀叛の罪」は明記されている。このように、叛乱や謀叛を起こしたから首謀者たちは追討されるのであって、逆に言えば謀叛が成功すれば、彼らは無罪なのである。いわゆる革命無罪の原理である。具体例をみていこう。

すでに挙げたように飛鳥朝の崇峻天皇は、蘇我氏の手で弑逆されている。これは朝廷内部の争闘の結果とはいえ、謀叛が成就したからこそ、蘇我馬子は訴追されなかったのである。丁未《ていび》の乱で滅びた物部氏は、蘇我氏が奉じる皇族によって追討されたのではなく、合戦に敗れたから滅亡したのである。もっとも、物部守屋が軍事的に勝てたとしても、自派の穴穂部皇子を馬子に殺されているので王権の正統を欠いていた。

壬申の乱は大海人皇子（天武帝）と大友皇子（のちに弘文天皇）の王権争奪戦だったが、鎌倉時代の承久の乱は、王権に対する武家政権の叛乱である。後鳥羽上皇の院宣をもって追討（死刑宣告）されるはずの北条義時が、逆に京に攻め上って後鳥羽院の王権を打倒したのだ。北条義時が擁立したのは、わずか一〇歳の後堀河天皇だった。後鳥羽院は隠岐に配流となった。

このように謀叛（内乱）は権力闘争であって、実体としては法律の外側にある。しかし失敗すれば、謀叛は死刑に値するのだ。それは武力を伴う権力闘争が、相手を死刑によって壊滅させないかぎりは、その権力が崩壊の危機にさらされる要件をもっているからだ。つまり政治権力が、武力を担保にしていた時代なのである。

平安時代に死刑が復活したのも、やはり内乱によるものだった。皇統の実権をめぐって、後白河天皇と崇徳上皇が争った保元の乱である。正確に言えば中止されていた死刑が復活したわけだが、斬首の罪宣は平忠正・源為義・平家弘ら三人の武士に対してのみだった。その形式も、源為義が源義朝に預けられ、平忠正を平清盛に預けて、私刑のかたちで行なわれた。やはり朝廷と貴族たちはみずからの手を、血で汚すことを嫌ったのである。

斬首を主張したのは、後白河天皇の側近であり、律令に通じた知識人・信西入道（藤原通憲）であった。信西は『法曹類林』を著した儒者でもある。その主張は「おおくの凶徒を諸国へわけつかわされば、定而猶兵乱の基なるべし」、「若重てひがごと出来りなば、後悔なんぞ益あらん」（『保元物語』為義最期の事）。つまり、「凶徒たちを流罪にすれば、戦乱のもとになる。死刑にできなければ、後悔することになる」というものだ。

崇徳上皇が讃岐に配流となった史実は、上田秋成の『雨月物語』の「白峯」で、西行法師が上皇の霊と問答するくだりが有名である。ついで平治の乱に至って、貴族である藤原信頼が斬首となった。公卿が死刑になった点で、すでに大きな変化といえる。しかし、藤原信頼に対する斬首は、あくまでも戦闘行為を行なったことへの罪宣だとする説もある（元木泰雄『保元・平治の乱を読みなおす』）。

僧侶を死罪にしたものとしては、後鳥羽院時代の「承元の法難」という事件がある。吉永教団（のちの浄土真宗）が南都（興福寺）・北嶺（延暦寺）から批判されたのを受けて、後鳥羽上皇が教団を弾圧した事件である。法然を教祖とし、親鸞らによって専修念仏として宗徒を獲得していた教団の排他性を、既成仏教が批判したことから事件は始まった。紛争の実質は、おそらく信者の獲得競争であっただろう。勢いのある新興宗教は、旧勢力から排斥されるのが世の常である。

院のなかにも吉永教団の門徒があり、しかも後鳥羽院の女房がふたり出家したことで、激怒した上皇が処罰を下したのである。ふたりの女房は、上皇の不在中に男性僧侶を仙洞院（院の御在所）に入れたものと思われる。親鸞ら七人の弟子が流罪となり、四人の僧侶が死罪となった。それでも上皇はこのとき、側近の武士の私刑というかたちを採っている。

平氏政権による死刑復活

保元の乱と平治の乱を通じて、平氏が知行五カ国から七カ国となり、平清盛は参議となった。武士ではじめて公卿になったのである。これを慈円は『愚管抄』のなかで「武者の世のはじまり」と記している。清盛は反平氏勢力を力をもって弾圧し、のちには死刑を行なっている。武士たちが武力をもって政治を行なう時代に、荒ぶるかのように死刑は復活したのだった。

それでは、あらゆる内乱による戦死が「死刑」なのかといえば、もはや本書の目的とする主題を超えてしまう。勅命ではない「治罰の綸旨」をもって追討軍を派遣したり、将軍家の容認する合戦を正当と成したり。武士たちは朝廷と幕府を利用しつくして戦争に明け暮れたのだから――。

問題なのは武家政権の時代をつうじて、われわれ日本人のなかに死刑を許容する文化が形成されたのかどうか。これは日本人の精神史に深く関わることである。ここから先のキーワードは「武士道」とな

「平治物語絵巻」（部分）

る。戦乱の時代に端を発し、武士の時代に成立したのが武士道であり、それはかぎりなく死を傍らに置く思想であった。

天皇や貴族たちは、仏教信仰において怨霊と死穢を嫌い最終的に死刑を停止したが、武士は仏像を崇拝しながらも殺戮を求めた。そして合戦で死ぬことに名誉を感じ、いさぎよく切腹することに、生きた証しを求める。死んで名を残す。あるいは仏教においても、仏罰なる概念が発生しては、教団そのものが武士同様に武装して殺戮をいとわなくなる。

ほんらいの仏教は、因果律を説くことはあっても、仏罰なる教理は持っていなかった。荒ぶる戦乱の武士道においてのみ、神仏の怒りが戦いを苛烈にしたのである。貴族文化においては神を仏門に入れて救済した神仏習合（本地垂迹説）が、武家社会においては神の荒御魂との結合をもって、仏を仏罰の主体にしてしまったのだ。ここには甚だしい教理のパラドックスがあると言えよう。

まずは事実をもって、死刑の復活をみていこう。一族の多くが公卿に列せられ、わが世の春を謳う平氏政権。その専横を批判する者は少なくなかった。清盛は禿《かぶろ》という童たちを京都市中に放ち、平氏政権に対する批判の情報を集めたという。その情報網に引っ掛かったのか、それとも謀略の糸に導かれたのか。ついに平氏打倒の陰謀が露顕した。有名な東山の鹿ケ谷における、反平氏勢力の謀議である。

このとき一味した西光（藤原師光）は、拷問のすえに斬首されている。西光の息子である藤原師高も、平清盛の家人たちが屋敷を焼き払うという手口で惨殺される。律令に定められた法の執行ではなく、喧嘩出入りのような荒っぽい手法で敵対勢力の抹殺が行なわれたのだ。もはや公然たる私刑である。

おなじく一味の藤原成親は、妹が平重盛（清盛の嫡男）に嫁いでいるので助命されたものの、配流先の備前で食事を与えられないまま餓死している（『平家物語』による）。これも律令にはない、過酷な処刑方法である。

やがて平氏政権への不満は爆発し、後白河法皇の息子である以仁王が、諸国の源氏に平家打倒の稟議《りんぎ》を発する。源頼政らがこれに応じて挙兵。興福寺や園城寺などの寺社勢力も呼応したが、まもなく検非違使の藤原景高・伊藤忠綱によって鎮圧された。以仁王も討ち死にしている。謀叛が死罪となる所以である。平清盛が護りにくい京都をすて、福原に遷都したのはこの時のことだ。謀叛は必ず追討され、必ずしも勅命や院宣によらない、検非違使庁レベルの警察権によって代行されるようになったのだ。

まだ平氏政権の時代に、武士道なる言葉はなかったので、ここでは「武士《もののふ》の道《みち》」としておこう。わたしたちは死刑を容認する精神風土を語るうえで、この武士の道という文化を、おおいに問題にせざるを得ない。

謀反人はすべからく、事件の責をおって、必ず死すべし。これが日本人の死生観に大きな影響をおよぼし、あたかも死刑制度の思想的なバックボーンであるかのように横たわっているからだ。その一方でその大半は、まるでフィクションのように変貌した歴史を持っている。そこに分け入ろう。

第三章　武士道という精神史

武士道が死刑を身近なものにしたのか

武士道には切腹という文化がある。武士道の精神を集大成したとされる『葉隠』（享保元［一七一九］年成立）には「武士道とは死ぬことと見つけたり」という自死のテーゼが、冒頭に登場する。死ぬことが武士道の究極にあるとされる。切腹とはそれでは、自分で科した死刑なのだろうか。

外国人も「ハラキリ」を、日本の独自の文化と認めている。この場合は「腹を割って話す」、「本音を明かす」という含意もあるようだ。いずれにしても、自死を美徳とする文化は、キリスト教圏には考えられないことから、わが国独自の文化と考えてよさそうだ。

戦中には、その死生観は頂点に達した。

恥を知る者は強し。常に郷党家門の面目を思ひ、愈々《いよいよ》奮励してその期待に答ふべし、生きて虜囚の辱を受けず、死して罪禍の汚名を残すこと勿《なか》れ。

（大日本帝国陸軍『戦陣訓』「本訓　其の二」、「第八　名を惜しむ」）

捕虜になって恥辱を受けるよりは、いさぎよく自決・玉砕して汚名を残すな、というのである。戦陣訓は軍法ではないが、実質的に勅命と解釈されたことから、軍法会議でもその精神が強調された。この精神の根源は、軍人の名誉と出処進退であろう。この精神が戦争現場での命令となり、多くの人命が「玉砕」によって失われたのは周知のとおりである。

みずからの出処進退に責任を取り、死をもってケジメをつける。あるいは恥辱を抱きながら生きながらえるよりも、いさぎよい死を尊ぶ精神文化。これら武士道は日本人の貴重な精神文化だともされている。だがその文化を提唱したのは、自殺を禁じるはずのキリスト教徒であった。

すなわち、キリスト教徒であった新渡戸稲造が、宗教教育のない日本で道徳教育をするにさいして、思い至ったのが武士道だったという（『武士道』）。その紹介の仕方も、あまりに錯誤に満ちたものだ。

仏教が武士道に与え得なかったものは、神道が充分に提供した。他のいかなる信条によっても教わることのなかった主君に対する忠誠、祖先への崇敬、さらには孝心などが神道の教理によって教えられた。そのため、サムライの倣岸な性格に忍耐がつけ加えられたのである。

仏教は武士道に、運命に対する安らかな信頼の感覚、不可避なものへの静かな服従、危険や災難を

目前にしたときの禁欲的な平静さ、生への侮蔑、死への親近感などをもたらした。（いずれも前掲書）

新渡戸は仏教と神道を対立的に、その持てる特性を述べているかのようだ。そして神道の優位を云う。だが、そうではない。新渡戸が仏教研究について何ら業績がないことからも、神道と仏教を心的な効果として対比する論旨の粗雑さは明白だ。新渡戸が「神道」と措定している内容も江戸時代に成熟した儒教の解釈であり、そこから生じた国学の流れにすぎないのである。

神道はほんらい、神の分身としての人間が清浄に立ち返る儀式であって、古代から江戸時代に至るまで、その宗教行為の実態は神宮寺の仏教によって行なわれてきたのだ。古代神道を仏教が包摂したのは、神道の儀式（形式）に対して仏教が修行（実質）を持っていたからにほかならない。そのような史実を捨象して、新渡戸は切腹の奥儀やサクラの散り際のよさを、武士道に通じるものと讃える。国家に対する忠誠を、切腹と散華にたとえて美化しているにすぎないのだ。

愛国主義を称揚しながらも、新渡戸の知性は「日本人が深遠な哲学を持ち合せていないこと」、「激しやすい性質は私たちの名誉観にその責任がある」と、その危うさにも触れている。『武士道』は日清戦争で日本人が愛国心を発揮した明治三三年に書かれたものだが、大日本帝国が日清戦役の延長にアジアを侵略した歴史、あるいは世界大戦の一角の主役を果たして国を焦土にした風景をみれば、彼は何と言ったであろうか。

そもそも宗教教育のない日本とは、一八六二年生まれの新渡戸にとっては、江戸時代までの神仏習合の知られざる宗教生活であったはずだが、この点については後述する。豊かな日本人の宗教生活は、実は強引に改変された歴史があるのだ。輪廻からの解脱と浄土への悟り。迷える古代の神をも救済した菩薩（修行）の思想。仏教の精神世界においてこそ「日本人が深遠な哲学を持ち合せ」ていたことに思いを馳せるべきであった。

それにしても、この武士道という言葉に、われわれ日本人は何となく納得してしまうようだ。この死をもって贖《あがな》えという思想が、今日の死刑制度を存続させる意識のなかに、連綿と生きているのではないだろうか。

名と利を得ようと積極的に生き、それに失敗したときは潔く死をえらぶ。その際に重視されるのは「世間」であるという（山本博文『武士と世間――なぜ死に急ぐのか』）。罪それ自体を詫びるよりも、世間を騒がせたことをまず詫びる。現代日本の謝罪方法にも、世間なるものが重たい位置を占めている。責任者がこうべを垂れてする世間への謝罪会見とは、かたちを変えた切腹なのであろうか。『戦陣訓』にも「恥を知る者は強し。常に郷党家門の面目を思ひ」とあったではないか。

しかしながら、切腹が武士の道の本質ではないことも、歴史的には明らかである。江戸時代に儒教的な忠君思想、滅私奉公の考え方が定着するまで、武士の精神世界はきわめて合理的な、そしてじつに、卑怯な戦略戦術思想だったからだ。

卑怯な武士道

武士道においては、いかに正々堂々と戦ったかが名誉とされる。ある意味では勝敗に関係なく、いかに戦ったかが恩給・加増、あるいは堪忍分の対象となった。奮戦した死に方までが、戦後の恩賞の対象になった、というのが武士道の精神と思われている。

だが、実はそれだけではないのだ。具体的に例をみていこう。

平家滅亡の諸行無常で知られる『平家物語』は、一方で源氏方の東国武士団の武勇を讃えた軍記書でもある。その武勇伝も原書にさかのぼると、意外なシーンがわたしたちを驚かせる。もっとも古いとされる延慶本から解説しよう。

源平一ノ谷の合戦（巻第九　鵯越）のおり、平家の侍大将・越中前司《ぜんじ》盛俊《もりとし》は、源氏側の東国武士・猪俣則綱と格闘になった。組み合ううちに、腕力にまさる盛俊が則綱を組み伏せたのだった。これで首を掻き切れば盛俊の勝ちだが、さにあらず。則綱も気の強い人で、言葉たくみに議論を吹っかけたのだ。

「貴殿は平家でも名を知られたお方でしょう。合戦は名乗り合ってから討ち取るもの。私の名乗りを聴いていないでしょう。わたしの名も知らずに首を挙げても、手柄にはなりませんぞ」などと。

それもそうだと、盛俊も思いとどまって名乗った。

「わたしは越中前司盛俊という者で、もともとは平家の一門だが、近ごろでは侍なのだ」と、どうやら不遇をかこつ愚痴めいた言葉である。

当時は一族が増えると、血筋の劣る者から侍に降格されてしまう。盛俊は一門から侍（家臣）に身を落としていたのだ。そこに則綱がつけ込んだ。則綱は武蔵の猪俣党の猪俣近平六則綱であると名乗り、さらにこう言った。

この合戦はもう源氏の勝ちです。合戦で手柄をあげても、主君がいなくなっているのでは恩賞もなく、何にもなりませんよ。もう負けた側なのですから、あなたは落人なのです。ここでわたしを助けてくれれば、頼朝殿に申しあげて、あなたの親族が何十人いようと、お助けするようにします。

いまにも殺されようというときに、これだけの弁舌をふるうとは胆力のあるヤツだと、盛俊も感心した。そこで盛俊は、馬乗りになっていた則綱を解放した。そして二人で田んぼの傍らに並んで話をはじめた。しばし戦士の休息である。

ところがそこへ、人見四郎という則綱の親戚すじの武将が通りかかった。そこで事態は暗転する。盛俊が新手である人見四郎に気をとられているところ、その背後から則綱は盛俊を刀で突き刺したのだ。なんと卑怯な振る舞いであろうか。とどめを刺して、首級を掻き切る。

越中前司盛俊どのを討ち取ったり!

だが、この一幕はこれで終わらない。

盛綱の首級を挙げた則綱は、人見四郎に手柄首の証人になってくれと要請する。ところが、ほかに人の目がなかったのであろう。親戚である人見四郎は郎党たちを連れていたので、多勢をたのんで則綱から盛俊の首を奪いとってしまったのだ。卑怯な方法でえた首を奪われた則綱は、自業自得のようなものだが、人見四郎の行為はあんまりだ。

「後三年合戦絵巻」（部分、愛媛県歴史文化博物館蔵）

ところで、この第二幕で終わりかと思いきや、東国武士たちの功名争いはまだつづく。合戦が終わった論功行賞の場で、人見四郎がうやうやしく越中前司盛俊の首を検め方に差し出したところ、則綱が手を挙げた。

「その首は、それがしの手柄首なのです」と名乗り出たのだ。

「その首には、左の耳がないはず。わたしが討ち取った証拠に、耳を斬っておいたのです」と言上する。なるほど、調べてみると首には耳がない。

けっきょく猪俣近平六則綱は、手柄を取り戻したのだった。アッパレ！

合戦中の命乞いに言葉たくみな騙し討ち、そして卑劣な手柄の横取り、さらには証拠を突き付ける手柄への執着。これらのどこに、武士道の潔さがあるというのか。少なくとも、生と手柄に執着した猪俣近平六則綱と人見四郎には、死を怖れない武士の気風や清廉な死生観は感じられない。

一騎討ちの時代

もっとも、源平合戦は中世の戦いであって、古来の「兵《つわもの》の道」とはかけ離れたものだと言われている。さきに挙げた一ノ谷の合戦で、義経が「坂落とし」の戦術で平家を奇襲したように、それまでの戦術や合戦のルールを無視しているのだ。壇ノ浦では平家の舟のこぎ手を矢で射殺し、義経は卑怯な振る舞いだと批判を浴びている。義経の軍事的天才の理由は、古来からの合戦の作法を逸脱したところにあったといえよう。

従来の合戦では、お互いに使者を立てて合戦場と日時を決め、正々堂々と戦うものだった。最初は矢合わせ、そして名乗りをあげての一騎討ちとなる。一騎討ちでは勝っても負けても、そのはたらきを天晴れと称賛する。足軽を動員した集団戦法は、戦国時代になってからのものなのだ。

『今昔物語集』にある、東国武士の正々堂々とした戦い方を紹介しておこう。巻二五第三話、源宛《みなもとのあつる》と平良文《たいらのよしふみ》の戦いである。嵯峨源氏直系の血をひく源宛は、武蔵国の国司の子である。陸奥国の国司である平良文は、桓武平氏の血筋で平国香《くにか》の弟にあたる。

日ごろから腕自慢をしていた二人は、次第に仲が悪くなった。この仲たがいには、お互いの家来が「殿のことを『あの御大《おんたい》は、俺にかなうはずはない。何事にせよ、俺に対抗できるものか。なんと哀れなことよ』と言っていますよ」などと告げ口をしていたのが原因だという。どちらが強いかを争うだけの、政治的な大義のない典型的な私戦となったわけだが、武士の誇りをかけた戦いでもある。両者が使者を交換し、日時を決めて戦うことになった。

ところが、平良文のほうから、とくに源宛に注文があった。本日の戦いは、お互いに腕前を知りたいと思ってのことだから、一騎討ちで勝敗を決しようというのだ。これに源宛も同意して、郎党たちをその場にとどめての一騎討ちとなった。カッコいい。

馬を走らせて矢を射あうのだから、流鏑馬のような戦いであろうか。お互いに巧みな技で矢をかわす。何度もすれ違いながら、矢を放ってはそれをよける。両者とも馬上巧みの坂東武者なので、なかなか勝負がつかない。そのうちに、一騎討ちを言い出した側の平良文が源宛に言った。

「そこもとの弓の腕前は、よくわかった。お互いに立派な腕前だ。先祖代々の敵というわけでもないのだから、もうやめようじゃないか」と。

源宛もそう思っていたところなので、お互いに馬を降りて和睦した。郎党たちもよろこんで、互いに兵を引くところとなった。いらい、平良文と源宛は仲良く暮らしましたという一幕である。

さきに挙げた延慶本『平家物語』の越中前司盛俊と猪俣則綱の逸話、『今昔物語集』の源宛と平良文の逸話を『戦場の精神史』（NHKブックス）で論じている佐伯真一は、以下のように指摘している。

この話のモデルとなる事件があったとすれば、おそらく一〇世紀前半のことだろうが、『今昔物語集』が成立したのは、おそらく一二世紀前半のことであり、その間には、大まかに二世紀ほどの年月が流れている。『今昔物語集』編者はその年月の流れを意識して「昔の兵」といったのだろうが、うがった見方をすれば、『今昔物語集』編者の見ている「今の兵」即ち現実の武士は、宛や良文のような者たちではなかったのだ——ともいえよう。

物語の編者がみていた現実の武士たちとは、猪俣則綱や人見四郎のような卑怯な武士にほかならない。

解死人を出した村

坂東武者の活躍を見たついでに、中央政界をはなれて地方の村々に視点をうつしてみよう。平安末期から鎌倉時代、室町時代をつうじて、全国的に統一された司法権は存在しなかった。

各荘園、公領（国衙領など）が独立した司法権と刑罰権をもち、それらは「検断」と呼ばれた。そこで検断殿と呼ばれたのは、国司・郡司・荘官などの地頭職、つまり地域の支配者である。かれらはある意味で、勝手に権限を行使していた。というのも、その司法権限が、しばしば他の領地におよんでいたからだ。大きな荘園の勝手な言い分で水利権や入会権を主張された周辺の小荘園は、小荘園同士で盟約をむすぶことで大荘園に対抗するしかなかった。生活権は力で防衛するしかなかったのだ。

土地に境目があるかぎり、必ず揉め事は起きる。実は戦国時代の合戦の大半は、この境目の相論が解決しないときに、それぞれの領主権力たる国人領主に依頼したものだった。あるいは戦国大名（国もち大名）が出張して、触発寸前に至るまで政治的緊張を高める。やがて和睦の条件を取り決めるわけだが、それが破談することで合戦が起きているのだ。にらみ合ったまま、双方の国人領主や戦国大名が引き上げたときは、和睦という名の調停が成立したという意味である。

まだ強大な領主権力たる戦国大名が存在しない時代に、村々ではどうやって境目の紛争を処理したのであろうか。黒田基樹の『百姓から見た戦国大名』から、実態を覗いてみよう。

下総の事件に典型的な例がある。千葉氏の重臣・原豊前守の家臣である大野村の石手という者が、百姓多数を連れて西村に攻め込んだ。理由はよくわからない。これに西村の百姓が反撃して、石手を棒で滅多打ちにしたのである。このとき、大野村の百姓たちは石手が殺されたと思い込み、報復として西村の百姓を一人殺したのだった。

ところが、滅多打ちにされた石手は生きていた。石手が生きているのに、仲間を殺された西村の百姓たちは、領主である妙見社の範覚に訴えた。範覚は大野村との境目に神輿を立てて威嚇した。神輿を立てるということは、神威をかざした宣戦布告にひとしい。神輿のもとに人を集めて、勢力をもって攻め込む構えだ。大野村はやむなく、石手の身柄を差し出し、和睦を求めた。

石手は西村に連行される途中、佐草部というところで殺された。この石手のように殺人の代償に出される立場を、当時は「解死人《げしにん》」と呼んだ。のちに「下死人」、「下手人」と表記が変わっていき、本来の意味と別ものになる。下手人は犯人そのものだが、解死人は紛争解決のための人身御供なのである。武力による紛争が報復合戦にならないように、村は解死人を出して解決したのだ。これは村という自主権力による村民の「死刑」にほかならない。

とくに室町時代は本所（貴族）による荘園支配が解体し、農民たちは惣村という一〇〇〇人以上の共同体を形成していた。家という単位が三代つづくことはきわめてまれなことで、惣村に頼らなければ人々は生きていけなかったのである。誕生と葬式いがいは共同体から排除される、村八分という刑罰は、惣村という封建時代から現代にまで至る農村共同体であるがゆえの、きわめて苛酷な因習である。

石手のようなケースはある意味で自業自得だが、惣村は他の村との紛争を解決するためには、事件の関係者以外からも解死人を強制的に選んだとされている。中世の共同体は、解死人という死刑制度で保たれていたのである。まがりなりにも中央権力が司法権を握っていた古代王朝や平安時代よりも、ずっと苛酷な時代だったと思われる。

室町時代の「本人切腹制」と「喧嘩両成敗」

刑罰としての武士の切腹が始まったのも、室町時代であるとされている（清水克行『喧嘩両成敗の誕生』）。主君に命じられた切腹は明らかに死刑だと考えられるが、自主的な切腹は刑罰ではないはずだ。最近は自殺を自裁死とすることもある。いかにも日本人らしい、いやな言葉である。それにしても、武士が栄誉のためにみずからを殺す切腹とは、そもそも死刑といえるのか？　切腹と死刑の線引きは、きわめて微妙である。

自力救済としての武力報復を抑制するために、室町幕府が考え出したのは「本人切腹制」である。清水克行の『喧嘩両成敗の誕生』から、事例を挙げておこう。

政務に熱心だった足利義尚《よしひさ》の時代、北野社の門前で騒動が起きた。一色義直の被官・成吉某という者の下人たちが、門前の藪に生えている竹の子を盗み取ろうとしたのである。北野社の下級神職たちがこれを見とがめて、たちまち大乱闘となった。成吉側の人数が多かったらしく、北野社側に三人の死者が出てしまった。これに怒った北野社の神職たちは社殿に立てこもって、幕府に成吉の下人たちの処分を要求した。

将軍義尚は一色義直に「相当の罪」にもとづく「成敗」を行なうよう厳命した。その結果、騒動の原因をつくった成吉の下人が「自害」させられた。その後、成吉某も逐電（失踪）したとあるが、これは刑罰には関係ないだろう。しかし北野社側は三人が「犠牲」になり、一色側は騒動を起こした原因の一人が「自害」したにすぎない。にもかかわらず、この件は北野社側も納得したらしく、一件落着となっている。

この「本人切腹制」を清水克行は、以下のとおり三点にまとめている。まず一点目として、被害者が何人いたとしても、基本的には直接の原因をつくった「本人」を処罰する。二点目はその「本人」に対して室町将軍が直接に処罰するのではなく、あくまでもその主人に対して命じる。三点目として、最終的には主人の命を受けて「本人」が自害させられる。このような方法を採る理由として、室町幕府の守護大名の屋形の空間は、将軍が直接には介入できない、つよい独立性をもっていたことが挙げられるという。

刑罰としての切腹は、この本人切腹制が最初である。手続きとしては室町将軍が決裁し、それを受けての主命である以上、公式の死刑であろう。斬首や磔刑ではない、武士としての面目を失わない自死は、世界史に類をみない死刑制度である。死んで責任をとる。いよいよ日本人の死刑に対する感受性、あるいは倫理性に近づいてきたように思える。

右に挙げたとおり、室町時代は守護大名という独立性のつよい行政組織を具えていた。したがって、守護地における家法や分国法が独自に設けられた。駿河の国の太守・今川氏親（義元の父親）が発布したのが、有名な分国法「今川かな目録」である。その第八条には「喧嘩におよぶ輩、理非を論ぜず、両方共に死罪に行なふべきなり」とある。いわゆる喧嘩両成敗である。

　この喧嘩両成敗は、どのような必要から取り決められたのであろうか。それは当時の戦国大名の組織と統制から考えてみるのが早道である。信頼できる軍役帳が残されている、上杉謙信を例にとると、謙信直属の兵力である馬廻り衆は九将一六〇五人、後継者となる景勝を含む長尾家の一門衆が七将一一〇人、そして国衆が二三将二七六五人となっている。総計五四八〇人の軍役衆のうち、五割を超える兵力が国人領主たちなのである。

　独立性の強い国人領主たちを統制するのは難く、ために謙信は天文二三年には家臣同士の公事相論（裁判）の裁定を放置している。翌々年には家臣たちの統制に手を焼いて、ついには出奔騒動を起こしてしまう。出奔騒動の前年は武田信玄と信濃善光寺の帰趨をめぐって、川中島で二〇〇日間の対陣を行なっているが、そのときも陣中での喧嘩に悩まされている（『謙信公御書簡集』）。謙信のように高いカリスマ性をうたわれた戦国大名にしても、いわば連合組織のトップなのであって、国人領主たちの統制に苦労した様子がわかる。

　おそらく喧嘩両成敗とは、戦国大名にとって苦心惨憺の立法だったのではないだろうか。なお、清水克行は喧嘩両成敗の法いがいの紛争解決法が制度的に不安定だったことを、能の「正儀世守」における「殺人者は死罪にされるべき」思想と「親敵討ちは無罪放免」という思想の相克から論証している。この時期、すでに「仇討ち」、「親敵討ち」は武士道の倫理上、合法的な殺人だったのだ。

　さて、のちに武田信玄がみずからの分国法である「甲州法度之次第」に、この喧嘩両成敗を採り入れている。やがては戦国の法として広範囲にひろがり、江戸時代以降も天下の大法となったことが、赤穂浪士の発端となった松の廊下事件の裁断への不満に明らかである。赤穂の遺臣たちは、喧嘩両成敗にもとる主君への切腹命令。すなわち片手落ちの裁断に対して憤り、吉良上野介の首をあげることで、仇討ちを果たしたのである。

しかるに、今川家につづいて喧嘩両成敗を採り入れた武田家では、家臣から異見が出されている。喧嘩両成敗においては、喧嘩を仕掛けられても応戦せず、大名の法廷に訴え出ることが推奨された。応戦せずに大名に訴えた者には、たとえその者に攻撃される理由があったとしても、その者を勝訴とする。両成敗にするのが目的ではなく、家臣同士の紛争を未然に抑えるのが、この法の目的なのである。

これがしかし、武勇で鳴る者たちにとっては、とうてい我慢できないことだった。『甲陽軍鑑』に次のような話がある。武田信玄が喧嘩両成敗を採用したところ、重臣たちの寄り合いで異見が出た。武田二四将に名を連ねる内藤修理亮昌豊である。

喧嘩両成敗とのことですが、恥辱を与えられておめおめと堪忍するような者は、たいした役にも立ちますまい。法を重んじて、何ごとも無事に無事にとしていたのでは、諸侍が男道の心がまえを失い、みな恥辱を堪忍する臆病者となりましょう。

男を立てようとすれば成敗にあうか追放のいずれかでは、やがて家中には役に立つ侍は一人もいなくなってしまう。

ここに出てくる「男道」こそ、武士道という意味である。のちに武田家では布施某と諏訪某が口論し、一度は信玄のとりなしで収まったものの、その三日後に決闘した逸話が残っている。主君の面子を潰してまで、雌雄を決したかった武士たちの矜持である。

死に名誉を求める武士たち

いかに正々堂々と戦ったかが、名誉とされるのが武士である。いかに戦ったかが恩給・加増、あるいは堪忍分の対象となったはずである。奮戦した死に方までが、戦後の恩賞の対象になったという武士道の精神が定着したのは、それではいつ頃なのだろうか。

われわれが注目したいのは、武士の死生観である。日本人の死生観の変遷こそが、死刑制度すなわち「死んで罪の責任をとらせる」文化をかたちづくっている可能性があるからだ。

さきにみた『平家物語』の猪俣則綱は名よりも命を惜しみ、卑怯な手段で名誉と恩賞を得た。そのすぐ傍らに、人見四郎のような卑劣な人物もいたのだから、中世前期の武士たちに後世のような武士道による死生観があったとは思えない。ちなみに武士道という概念は、江戸初期成立の『甲陽軍鑑』が初出とされている。

身を惜しまず名を惜しむ武士の体面が、中世武家社会に顕著になっていくことを、山本博文はこう述べている。

中世の名のある武士の数は、それほど多いわけではない。武士としての行動は、武士社会のなかでは明らかであり、卑怯な行動をとればすぐに悪い評判が立ち、軍記などを通じて末代に知られることになるという意識があったはずである。

（『武士と世間』）

まさに猪俣則綱と人見四郎は、後世に悪評を残してしまったのだ。

ただし、人見四郎のために言い添えておけば、のちに南北朝争乱のときに赤坂城攻めで一番槍として壮絶な最期をとげる。出馬前に辞世を書き、名を残すための覚悟の討ち死にだったという。享年七三であった。

そこで、名を惜しむ武士たちの意識はどうだったのか、史書に訊いてみることにしたい。

『太平記』は『平家物語』よりも一五〇年ほどのちの、南北朝争乱を描いている。後醍醐帝から勅使を遣わされた名和長年は、出兵の決断にさいして甥の名和長重にこのように進言されている。

いにしえより今に至るまで、人の望むところは、名と利のふたつなり。われらかたじけなくも、十善の君にたのまれまいらせて、屍を軍門にさらすとも、名を後代に残さんこと、生前の思い出、死後の名誉たるべし。

要するに、名前を上げることと利益を得ることは人間の望みですが、われらは素晴らしい帝に頼まれたのですから、死骸を軍門にさらしても名前を後世に残すことが、この世のいちばんの思い出になる、というのだ。名和長重は武門の名誉のためなら、死んでも悔いがないと伯父に決意表明したのである。もはや敵味方の区別なく、その戦いと死を称賛しているのだ。

武功を讃える記述は、中世末期になると『信長公記』などにふんだんに見られる。

著者の太田牛一が、三方が原の合戦の描写をしたくだりでは「このとき、世にも珍しい感心なことがあった」として、玉越三十郎という若武者の覚悟を讃えている。信長から勘当され、家康のもとで蟄居していたお小姓の四人衆が「武田勢がこちらに来るから、はやく引き上げなさい」と三十郎に忠告したところ、かれは「ここまで来たいじょう、逃げ帰ったなら今後、人に合わせる顔がありません。あなた方が討ち死にされるのなら、わたしも一緒にいたしましょう」と応じたという。そして三十郎は四人衆とともに敵を斬りまくり、枕をならべて討ち死にしたというものだ。

太田牛一が「世にも珍しい感心なこと」というのだから、やはり名を尊ばず命を大事にしていた武士たちも多かったのだろうか。

元亀四年の北伊勢攻めでは、長老の林新次郎とその一党がしんがりを務めて、牛一にその最期を激賞されている。

「林は何度も敵を追い払い、道の狭まった難所ではよく敵を防ぎとめ、火花を散らして戦ったが、林新次郎および家の子・郎党、枕をならべて討ち死にした」林一門の奮戦が「名誉なことはいうまでもない」と。

次は織田軍の信州・甲州入りである。ここでは牛一は、武田方の人々の奮戦ぶりを讃えている。

このとき諏訪勝右衛門の妻は抜き身を提げて切ってまわり、その比類ない活躍は前代未聞のことであった。

（高遠城攻め）

信勝もまた、家の名誉を守るため、勇敢に切り結んで討ち死にした。後世に名を残す、立派な働きであった。

（武田氏滅亡のときの、武田信勝の奮戦）

武勇を讃えるのは、ある意味で至極当然かもしれない。織田勢に攻められた上杉景勝の家臣たちが、越中松倉城において名を書いた札を首にかけて自害したことなども、やはり死後の名誉を重んじた戦国武士の作法であろう。死ぬことが生きることと同じ、名誉という価値をもったのが武士の時代だったのだ。

合戦での戦死を礼讃することにおいて『信長公記』は第一級の史料でありながら、このうえない軍記書である。切腹を誉めそやす記述も少なくない。

このとき奇特なことがあった。朝倉景健が殺されたのを見て、景健の家来、金子新丞父子と山内源右衛門という者三人が、主人の後を追って切腹した。三人の行為を見て、向駿河は驚き、感動した。

（加賀・越前攻め）

ここでも敵方の自死が讃えられている。とくに戦国末期に流行ったのが、主君に忠義をしめす殉死である。右に挙げた朝倉景健の家臣の殉死に、織田方の向駿河（向久家）は驚き、感動しているのだ。とはいえ「奇特なこと」とされているのだから、どこにでもあった話ではないのだろう。

さらに『信長公記』から引用してみよう。羽柴秀吉が三木城に別所長治を攻めたとき、この戦いは「三木の干殺し」と呼ばれるほど苛酷な兵糧攻めだった。ついに別所長治が降伏し、長治以下の一族は切腹して果てた。それによって、城内の兵たちは命を安堵された。牛一は別所一族の哀れな最期の末尾に記している。

ここに世にも稀な立派なことがあった。別所吉親の妻は畠山総州の娘である。自害の覚悟をして、男子二人、女子一人を左右に並べ、気丈にも一人ずつ刺し殺し、自分も喉を掻き切って、枕を並べて死んでいった。あっぱれな最期とはいえ、哀れなことであった。

わが子を殺して、いさぎよく死ぬことが「世にも稀な立派なこと」だというのだ。次は先に挙げた、信長の武田攻めの後段である。小諸城で憤死した武田信豊（勝頼の従弟）の若衆に、朝比奈弥四郎という者があった。仏門に入っていた弥四郎は、

道号《どうごう》を札に書いて首に掛け、最後まで斬りまくり信豊が切腹すると介錯して、あとを追って自分も切腹した。誠に立派であった。信豊の姪の夫で百井という者も、ここで一緒に切腹した。

かように、自害と切腹死は「誠に立派」と称賛されるのだ。

そしてついには降伏を申し出ても、切腹を強いられるシーンが出てくる。荒木村重は織田家臣でありながら、一向宗と気脈をつうじて謀叛を起こした。それに巻き込まれた一族郎党は哀れだ。

〔荒木方の伊丹城の〕岸の砦には渡辺勘大夫が立てこもっていたが、混乱に乗じて織田方に転じようとして、多田の館まで撤退した。しかし事前に申し出ることもなく、不届きであるとのことで、切腹を申しつけた。

これ以前には、滝川一益が調略で荒木方の中西新八郎という者を味方に引き入れ、その中西の才覚で、伊丹城内の荒木勢を寝返らせている。この中西の行為は称賛されているというのに、渡辺勘大夫はあとになって寝返ったから「不届きである」と切腹を命じられたのだ。つまり返り忠（裏切り）をしてもいいが、そのタイミングが問題だというのだ。かように武士は切腹をもって、出処進退の責を問われる。

そういえば、織田信長の甲斐攻めのさいにも、最初に内応した木曾義昌や穴山梅雪は歓迎されているが、小山田信茂のように最後になって武田勝頼をうらぎった者は、切腹を命じられている。ここでの称賛の栄誉と切腹強要は線引きがきわめてあやういが、武士道の微妙なところを教えてくれる。つまるところ、裏切りにおいても尊ばれるのは、潔さなのである。グズグズしているのは、少なくとも信長には気に入られなかったようだ。

数百年の年月を経ているとはいえ、武士のあり方が大きく変化しているのがわかる。

『今昔物語集』のなかで牧歌的な戦いを演じた平良文と源宛は、いまの世でいえば県知事クラスの国司である。卑怯な振る舞いで恩賞を手にした猪俣則綱は、武蔵猪俣党の棟梁である。人見四郎もそれに準ずる立場の武士で、鎌倉御家人とはいえ独立した武将だった。かれらが個人事業主ともいうべき打算に支配されたのは、非難に値しないだろう。合戦への参加が鎌倉殿の命とはいえ、一族に責任をもつ立場から、簡単には死ぬわけにはいかなかったのだから。

牧歌的な合戦から数百年をへだてた、大大名による本格的な殲滅戦ともいうべき戦国末期は、もう合戦で生き残る方が大変なことだったと思われる。武器は弓矢から火縄銃にかわり、戦法も大規模な集団戦になっていた。領地を焼き払い、城を落として相手が滅亡するまで、徹底的に叩き潰すのが天下平定のあゆみである。そこでは主君への忠誠心、切腹の覚悟こそが求められたのだ。

そんな風潮のなかでは、生命倫理に対する意識は薄弱なものになる。ルイス・フロイスはイエズス会の『年報』において「日本人の欠点は、いとも簡単に人を殺すことである」と報告している。

それは武士による合戦や侵略にとどまらず、母親が子を間引きする残酷さも含めてである。戦国時代の永禄年間は全般的に寒冷と凶作に見舞われ、間引きをしなければならなかったとされている。ある意味では当然だが、戦乱と飢饉の世は人の生命を軽んじる。そうであるがゆえに、人の生命の尊厳をこそ文明の尺度にするべきだとわたしは思う。

しかるに、いさぎよい武士の死は、泰平の世になっても尊ばれた。平穏無事な江戸期において、武士道という文化は全盛をきわめたのである。出処進退をわきまえ、責任をとって腹を切る。平安時代とならんで平和な時代だった江戸期に、なぜそんな思想が根付いていったのか——。

武士の行動様式は恩給と忠義である。『葉隠』の祖である鍋島藩の江戸初期の言動を挙げておこう。初代佐賀藩主鍋島勝茂の嫡孫にあたる二代藩主光茂は、天和元（一六八一）年四月九日に、長崎戸町番所において人払いのうえ、鍋島主水、鍋島官左衛門、千葉太郎助らに、次のように語ったという（『光茂公譜考補地取』）。

勝茂公が関ヶ原の戦の際に西軍に加担されたことを、人々は皆言うのであるが、わたしは間違ったことをされたとはまったく思っていない。お爺さまもそう思っていらっしゃった。そう申し上げることは、将軍家御当代に対し遠慮すべきであるとは承知しているが、上様の御前であっても、わたしは包み隠さず言上することができる。思えば、太閤様から勝茂公に賜った御恩は浅いものではなかったのだから、秀頼様からの御下知とあらば損得や勝ち負けを考えることなく、西軍にお味方するのは当然のことであった。その結果、西方の敗北となって御家お取り潰しも致し方なかったのだが、それをお赦し下さった神君家康様の御恩は、申し尽くせない。今日まで御家が続き、松平の姓も賜った我が家にとって御重恩は幾重にも忝い。しかし、長崎御番を命じられた幸いに優るものはない。一番はじめに命を捨てて、将軍家から今までに賜った数々の御重恩に報いたいと考えている。

そして、長崎御番を担う覚悟は次のように語る。

長崎御番は異国への備えとして、重要なお役目である。だから、外国に対して日本の恥さらしとならないことが、もっとも大切なことだ。となると、御制禁の船が着岸して一戦に及ぶ際には、我らが一番に討死する。その絶対の覚悟をもたねばならない。

ご恩を忘れず、武士は忠義に殉じるのである。天皇と貴族たちは、ほぼ完全に禁裏に封じられ、武家政権のもとで、武士による封建社会が成立したのだ。

江戸期の武士道と刑罰

封建時代というと、堅苦しいイメージがわれわれを支配する。人々は出自と家柄に支配され、息もできない官僚的な社会が到来してしまった、かのように思える。それはつねに死をかたわらに置いた、武士道としての規範につらぬかれた社会であったからか——。

それはしかし、まだ武家社会に限られたことだった。人口比わずか五パーセントにすぎない、武士という特権階級においてのみ、武士道は成立していたのである。切腹は武士にだけ許された刑罰であって、自分を裁く（切腹する）ことは特権でもあったのだ。

武士に対する切腹に値しない刑罰は、打ち首（斬首）である。有名なところでは、幕末の新撰組局長の近藤勇が流山で囚われ、政府軍の陣営があった板橋の刑場に連行されて斬首されている。近藤は多摩の農民出身で、新撰組に参加することで武士の身分をえた人物である。最期が武士に値しない斬首では、死んでも死に切れない思いがしたことだろう。かくも刑罰とは残酷なものである。一般の町人百姓は切腹ではなく、磔《はりつけ》や斬首であった。

市中引きまわしの上、打ち首獄門に処す！　もって一件落着。

町奉行の宣告によって、下手人はうなだれる。打ち首は斬首であり、獄門は晒し首にされるという意味だ。斬首されるのは牢内だが、その後刑場で罪名を書いた木札とともに、三日間晒される。死刑の犯罪抑止効果をねらった、公開刑ということになる。

磔の場合は、刑場で刑木に縛り付けられ、突き手が槍や鉾で二、三〇回突き刺して殺す。遺体はすぐには撤去されず、やはり三日間晒される。わたしは思うのだが、死刑制度に犯罪抑止効果があると主張する方々は、ぜひとも死刑の公開を主張されるがよろしい。公開刑には、たしかに犯罪抑止効果があるのだろう。江戸時代は犯罪の少ない社会だったといわれている。ヨーロッパでも処刑は見せ物だったが、本邦でもそれは変わりない。死刑がある日の刑場には、朝から見物人が集まったという。

公開するうえで、派手なのは火刑（火罪）であろう。火刑にされる以上、いうまでもなく罪名は火付け（放火犯）である。見せしめのために市中引きまわしのうえ火あぶりにされ、やはり三日間の晒しものとなる。

鋸《のこぎりび》挽きは生きたままの首を、文字どおり鋸で挽くのである。織田信長が彼を狙撃した杉谷善住坊を捕らえ、生きたまま首から下を埋めて、通行人に鋸挽きにさせた記録が残っている（『信長公記』）。

とはいえ、江戸時代の官僚的な組織は、やたら滅多に処刑をしていない。いや、事を行なうに当たって、手続きがきわめて慎重に進められているのだ。いまだ戦国時代の気風が抜けきらない慶安年間の史料に、「板倉伊賀守板倉周防守籠屋御証文」というものがある。徳川家康・秀忠・家光のもとで、京都所司代をつとめた板倉勝重・重宗の発給文書である。

どのようなものかというと、囚人を牢屋から引き出して処刑するさいに、町奉行の命令書たる「籠屋証文」と本人を引き合わせて、間違いがないかどうか確かめたうえでなければ成敗（処刑）はできない、とするものだ。先にわたしは律令の時代を、厳格な文書と手続きの官僚社会だったと評価したが、江戸時代にもそれに劣らない官僚的な手続きを踏む組織があったことがこれでわかる。

ちなみに板倉勝重と重宗の父子は、二代にわたって京都所司代を務めた名奉行として知られる。その業績は『板倉政要』として伝承されているが、実は『大岡政談』のもとになった史料なのである。大岡裁きといわれる越前守忠相の名奉行ぶりは、実際には板倉父子のものということになる。

慈悲の思想——仏教とは何か

もう一度われわれは、平安の日本人たちが怖れた怨霊と死穢、そして仏教信仰について振り返ってみよう。つまり死刑を必要としなかった思想、精神風土である。

血なまぐさい武士道の思想的な根拠が忠君と滅私奉公にあり、そこで初めて武門の名誉が保たれる。そのようなあやうい仕組みに対して、仏教も変容を余儀なくされてきた歴史がある。戦国大名の大半は仏教に帰依し、入京した初期の信長も含めて仏教の求心力と戦闘性に依拠している。

仏教を排撃したとされる信長の叡山焼き討ちにしても、三井寺と叡山の対立に根ざしたものであって、実際、信長は叡山焼き討ちの前日に三井寺に宿泊しているのだ。その意味では、信長の山門焼き討ちも、寺院間の抗争に介入したにすぎないことになる。かように、戦国大名は仏教を政治に利用していた。

仏教が戦国大名に利用されたのは、当時の寺院が圧倒的な民衆の支持を受けていたからだ。入京後に信長が帰依した新興勢力の日蓮宗、そして戦国大名そのものと言った方がわかりやすい一向宗（浄土真宗）が戦闘性をもっていたのは、ひとえに人心の求心力のゆえである。その求心力の源泉が、実は慈悲の心と殺生をしない思想にもかかわらず――。

機会があって、わたしは法務省の死刑制度の勉強会に参加したことがある。二〇一〇年とメモに記録があるので、もうかなり前のことになるが、死刑廃止で被害者遺族の納得を得る担保として、わたしはこの場で終身刑の導入を提言した。同席した日弁連の道上明副会長は、過去に四件の冤罪で再審無罪が確定したことを挙げ、誤審にもとづく死刑を防ぐために「死刑執行停止法」が必要であると主張された。これは画期的な提案であって、再審の要件を充たせば、とりあえず死刑執行を停止できることになる。

さてその席上で、仏教に関する一知半解な主張が「死刑の存置を求める全国犯罪被害者の会」の方からなされた。その方は「世論調査では八五パーセントが死刑制度を支持している」と述べるとともに「日本には因果応報の考えがある」と主張されたのだ。因果応報は仏教の基本的な教えだが、使い方を誤るとまったく逆の解釈になる。

おそらく「被害者の会」の方は、犯罪を犯せば因果律として応報に逢着する、と言いたかったのだろう。死刑に相当する犯罪を犯せば、応報刑である死刑になるべきだと。文字づらを追って理解すれば、なるほど因果が応報に結果すると読めなくもない。しかし仏教の根本を知らないから、そのような理解になってしまうのだ。

釈迦が説いた因果応報とは、おのれが犯した愚かな行為が苦しみや不幸をもたらす。すなわち憎しみや貪り、恐怖などにもとづく行為が苦しみを生むという、宇宙の普遍的な真理を語っているのである。

死刑を望むこころは、死刑囚への憎しみにほかならない。その憎しみこそが、因果応報の先に六道輪廻をもたらすと釈迦は説いているのだ。言葉の遊びをしているわけではない。釈迦は悟りに至る教理を説いているのであって、刑罰としての法理を説明しているわけではないのだ。われわれ日本人は仏教思想に触れなくなったから、右のような根本的な誤解が生まれ、死刑制度を支持する国民性が定着してしまったのではないか。

仏教においては、不殺生の戒律が最上位とされる。したがって各宗門ともに、死刑制度には反対している。天台宗の平成九年の「死刑制度に関する特別委員会」の見解を抄録しておこう。仏教団体の死刑に関する見解としては、典型的な例である。


当委員会としては、〝死刑の制度は宗教者の立場として認めるわけにはいかないが、そのためには、前提として以下の事項が克服されることを要する。〟という合意を確認した。すなわち、
一　死刑は廃止すべきである。しかし、抑止力の有・無ではなく、死刑の在り方として、応報刑的考え方はとりたくない。
二　教育刑としての限界もあり、死刑に代わる刑罰として仮釈放のない無期懲役刑の採用が必要で

ある。
三　被害者救済の手段を法的に整備し、被害者感情を和らげることが大切である。
四　義務（公）教育を改革し、宗教的情操の指導を強化し、連帯協調の心を養い、非行への誘惑に対する抵抗力を強化することに努める。
五　非行への抵抗力、利他心、愛他心は、幼年期までの健全な家庭生活の中で培われるという。したがって、家庭の再構築、家族の協力性の強化によって、犯罪の減少を図るよう努める。等である。
要約すれば〔一〕社会環境の整備と〔二〕法制度の改革の要望である。

そもそも、死刑制度の歴史は古く、処刑の種類・方法も多様で、近代に至るまで諸々の犯罪に対して広く行われてきた。以来、我が国にあっては、死刑を定める犯罪とそれに対する刑法が定められて今日に至っている。

一方、死刑制度の存廃をめぐっては、「死刑存廃国と存置国リスト」（『アムネスティ・インターナショナル日本』第六四号、二〇二〇年五月）によれば、「法律上、事実上死刑を廃止している国」は一四四カ国、「死刑を存置している国」五六カ国と、世界の三分の二を超える国が廃止している。犯罪情況を考慮した各国の国内事情によるものであることが知られる。

ちなみに、我が国における死刑制度をめぐる世論として、存続すべきが七三パーセント（読売新聞、平成一〇年一二月二七日付、「裁判」）となっている。

当委員会は、これらの事情と中間報告に示した確認事項を踏まえて、更に二回（現内局平成一〇年一二月一日、一一年二月二九日）検討を重ねた結果、特に強調したい以下の三点を再確認した。

一　仏教は、生きとし生けるものを殺してはならない不殺生を説く。あらゆる生き物の生命を尊重する観点からすれば、人が人を殺生する死刑制度は廃止すべきであろう。現在、世界人権宣言（一九四八年一二月）の立場から、加害者の人権を尊ぶ主張を死刑廃止の根拠とする向きがある。しかし、「生命を尊ぶ」という立場からすれば、被害者の人権が守られなかった中で加害者の人権を主張するには、納得し難い面が残るし、加害者によって失われた被害者の人権はどうなるのか、という設問が用意されよう。

むしろ、ここでわれわれが主張したい点は、人間のなした行為は、その人ひとりがその果報を受けるという自業自得、因果応報の不共業（他人と共通しないその人個人のなしわざ）にとどまらなくて、広く他者、社会一般と共通する共業として、社会性をもつことを充分に認識すべき点である。

二　したがって、加害者（犯罪者）は、自ずからが犯した罪の重みを充分に自覚し、加害者や被害者の家族はもとより社会に対して、自ずからの為した罪を深く懺悔し、悔過の心を持ち、生きて生きて生き抜いて罪を償い、以て人間としてのめざめ、本性に立ち帰るべきである。事実、教誨師の良き導きによって、服役中に人間としてのめざめを体得した犯罪者のケースも多いと聞く。その反面、出所後も犯罪を重ねるケースも少なくないという。

三　自然と共存、共生していかねばならない。今、社会倫理と共生の倫理が改めて問われる現代である。そうした中で、〈生命の尊厳〉と〈悉有仏性〉そして他者への〈寛容と慈悲〉を主張する仏教の教えに生きる仏教者として、死刑制度の廃止を望むのが当然である。しかし、その一方で、犯罪の抑止力として、何らかの制度（仮釈放のない無期懲役刑の如き）があって然るべきかと考える。人を殺すことは、如何なる場合にあっても許されないことは当然であると同時に、犯罪者にとって犯した罪を償うことは、良心ある人間の基本的行為である。
われわれにとっては、死刑制度の是非を問う前に、むしろ人間としての〈みち〉、社会構成員の一人としての社会倫理をふみはずさない社会、環境の土壌づくりに未来をかけて、更に努力することこそ使命ではなかろうか、と思う。
以上、当委員会の見解を述べて答申としたい。

（引用者の責任で原文を校正・修正した）

天台宗の「死刑制度に関する特別委員会」の基本的な考え方は「生きて生きて生き抜いて罪を償い、以て人間としてのめざめ、本性に立ち帰るべきである」という一条に集約されるであろう。また、答申のなかに、「犯罪の抑止力として、何らかの制度（仮釈放のない無期懲役刑の如き）があって然るべきかと考える」という一条があるのを、おおいに評価したいと思う。単なる死刑反対ではないとともに、きわめて具体的である。

廃仏毀釈――そのとき、日本人の宗教は失われた

武士道による人命の軽視は、江戸時代においては武士階級だけのものだったが、明治時代において、日本人の道徳観のなかに根をおろした。いまもスポーツシーンでは「侍ジャパン（野球のナショナルチーム）」や「なでしこジャパン（女子サッカーナショナルチーム）」などと、もとをただせば武士道および男尊

女卑の時代錯誤なネーミングに、われわれは違和感なく馴染んでしまっている。

あるいは戦場に乗り込んで、不運にも拉致されたジャーナリストに「自己責任論」をもって、バッシングがくり返される。国家と社会に「迷惑」をかけたのだから、死んで詫びろとでも言いかねない風潮である。こうした偏狭な倫理観はしかし、われわれ日本人の精神史からいえば、明治以降につくられたものにすぎないのだ。

新渡戸稲造がアメリカで『武士道』を著したのは明治三三年、邦訳は明治四一年のことである。宗教教育のない日本で道徳教育をするにさいして、思い至ったのが武士道だったという事情はすでに述べた。しかるに、わが国民が仏教の精神世界を根づよく持ってきたのは史実である。新渡戸稲造が生きた時代に、すでに日本人の宗教観に大きな変化をもたらしていたものがあるとすれば、それは廃仏毀釈であろう。飛鳥・奈良・平安の古代いらい、われわれ日本人のなかに根づいていた仏教信仰は、ある契機から壊滅的な打撃を受けることになる。近代国家神道の勃興である。

明治国家は天皇を頂点に、神の国をめざした。現人神である天皇が祭祀を行なうことで神道は儀式となり、ふつうの宗教ではなくなったのだ。そのためには、神道と渾然一体となっていた仏教を排除する必要があった。それが廃仏毀釈である。典型的な事件から、その態様をみていこう。

前代未聞の事件が起きたのは、ある法令が発布されてから、わずか四日後のことだった。近江坂本の日吉《ひえ》山王権現社に、神威隊と称する一〇〇人ほどが武器を持って乱入したのだ。神威隊は日吉社にある仏像や仏具を破壊し、ことごとく焼却した。彼らは罪に問われることはなかった。ちなみに日吉山王権現社は、比叡山延暦寺の守護神社である。

彼らの暴挙を合法化したある法令とは、慶応四（明治元）年三月二八日に発布された「神仏判然令」（神仏分離令）である。そして神威隊なる荒くれ者の正体は、実は彼らが仏具を破壊した日吉山王権現社の神職たちなのだ。つまり日吉社の神職たちが、自分たちの神社に祀られている仏像や仏具を壊したのだ。明治の新政とともに発動された廃仏毀釈は、このようなかたちで始まった。

この廃仏毀釈を上からの宗教統制とみる考え方もあるが、必ずしもそうではない。明治政府は廃仏運動への反発が政府批判につながるのを、神経質なまでに危惧している。むしろ徳川幕府の仏教優遇政策に反発していた神社、あるいは幕末期の水戸学や平田国学が過剰な尊皇思想をあおり、維新とともに廃仏に走らせたと言うべきであろう。現実に廃仏毀釈は官憲によるものではなく、下からの苛烈な大衆運動だった。

それにしても、神職たちがみずからの神社に飾られている仏像と仏具を破壊するという、異常な事態である。そもそも神社になぜ仏像や仏具があったのかという、現代を生きるわれわれには違和感のある史実から、説明をする必要があるかもしれない。

仏壇と神棚、そして御真影

かつてわれわれ日本人は、仏壇と神棚を同じ部屋に飾っていた。生活にもっとも近い場所に仏壇があり、その上に神棚が飾られ、さらに天井近くに御真影、すなわち天皇皇后の写真という祭壇の構成が、明治以降の一般的な家庭の風景であった。

だがそれ以前、江戸時代の日本人は神社を訪ねては、絢爛たる寺院の本堂にある阿弥陀如来像に、あるいは弥勒菩薩像、不動明王像や毘沙門天像に手を合わせていたのだ。それらの寺院を「神宮寺」という。古代いらい連綿と続いてきた、神仏習合の風景である。

わたしたちは、結婚式や七五三を神社および神道形式で祝う。お正月には三社参りをして、一年の平安と健康を祈願する。まるでわれわれの宗旨は神道のようだ。しかるに、末期のことは菩提寺である寺院にまかせる。それは江戸時代いらい、多くの日本人が寺院の檀家、すなわち宗門改めの寺請け制（キリスト教徒ではない証明）の宗徒だったからだ。つまり先祖の墓は神社ではなく寺にあるからなのだ。

仏式で結婚式を挙げる人は、お寺さんはともかく、あまり一般的ではないだろう。逆にお葬式を神式で行なう家は、代々が社家か神道信仰の家しかないはずだ。これらはすべて、江戸時代の生活習慣のなごりなのである。

お祭りの神輿は、神社ゆかりの氏子会や崇敬会が中核で、町内会（自治会）を通じて行なわれる。盆踊りはお寺と町内会のコミュニティをもって成立する。クリスマスはいかにも盛大に街を飾るが、そもそも信仰心からではないはずだ。渋谷の街を騒擾にしてしまう若者たちのほとんどは、ハロウィーンの変装（死霊の復活から身をまもる）の意味も知らないであろう。にもかかわらず、われわれ現代の日本人は神道と仏教、キリスト教の三つの宗教に等距離をたもち、何ら矛盾を感じていない。

これはしかし、あまりにも信仰に深みのない、不信心であるがゆえの宗教生活の空白とは言えまいか。われわれ日本人にはキリスト教における安息日、あるいはイスラーム教における日々の礼拝やラマダンなどの習慣がない。ユダヤ教におけるカシュルートやイスラーム教のハラールのような食のタブーもない。政教分離の原則ゆえに、学校で宗教教育を受けることもない。

ただ単に、パーティーやイベントを愉しむだけの疑似宗教を享受しているのだ。何という宗教心のなさであろう。明治維新による廃仏毀釈および国家神道化こそが、日本人から宗教心を抜き去ったと言っても過言ではない。


そもそも、神仏習合とは何なのだろうか？


六世紀なかばに伝来した仏教は、大陸の先進文化として受け入れられた。単に経典だけではなく、渡来人による建築様式や美術をはじめ、仏教は様々な技術とともに受容された。

一方、わが国には自然崇拝としての古神道があり、仏教の受容に反対する勢力も少なくなかった。物部守屋・中臣勝海《かつみ》らがその急先鋒で、仏教を庇護する蘇我馬子と激しく対立した。とくに守屋は廃仏派の急先鋒で、わが国最初の僧侶である善信尼ら三人の尼僧の袈裟を剝ぎとって全裸にし、公衆の面前で鞭打ちの刑に処したという。

仏教支持派と廃仏派は朝廷を巻き込んだ政争にいたり、その争いは軍事衝突に発展した。丁未《ていび》の乱（五八七年）である。乱で物部氏が滅びると、仏教は蘇我氏と推古天皇および聖徳太子のもとで隆盛をきわめた。

仏教が急速に受け入れられたのは、神道の弱点である死や病気（穢れ）への対処があることだった。古来の神道においては、神といえども死ねば黄泉の国に行かねばならない。現世の穢れをいくら祓い清めても、原初のすがたにもどるばかりで、仏教のように高度な悟りには到達できない。ましてや極楽浄土には行けない。このことに気づいたのかどうか、道に迷った神々が仏教に帰依するようになるのだ。桑名の多度神宮寺には、次のような縁起が残されている。奈良朝の天平宝字七（七六三）年のことである。

われは多度の神である。長いあいだに重い罪業をなしてしまい、神道の報いを受けている。願わくば長く神の身を離れんがために、三宝（仏教）に帰依せんと欲す。

聖武天皇による大仏建立が行なわれ、国分寺・国分尼寺が全国に建てられていた時期だから、本朝が仏教国家に生まれ変わるのに合わせて、多度の神も仏道に入ったのであろう。これら神道から仏教への宗旨変えは、次のように解釈されている。

大規模な土地や荘園を持つことで、神を祀る立場だった「富豪の輩《ともがら》」に罪の意識が芽生えたが、その罪悪感は神道では癒せない。なぜならば、彼らは神を祀ることで私腹を肥やしてきたからだ。そこで彼らは神々を仏門に入れることで、救済を求めたのである（義江彰夫『神仏習合』）。

やがて平安時代になると、仏が仮に神の姿で現れるという、本地垂迹説で神仏習合が理論づけられる。神社のなかに寺が建てられていたのは、およそこのような事情である。

具体例をふたつほど紹介しておこう。大分の宇佐八幡神宮は、渡来系の辛島氏が女性シャーマンを中心に支配権をもっていたが、六世紀の末に奈良から移住した大神氏が応神天皇の神霊として「誉田別《ほんだわけの》命《みこと》」を降臨させる。これが僧形の八幡神（のちに八幡大菩薩）である。やがて大神氏は宇佐神宮内に弥勒寺を営み、宇佐神職団の筆頭勢力に躍り出る。奈良の大仏建立に協力し、朝廷の庇護を受けたからだ。そして宇佐神宮が豊前一帯を配下に置いたのは、弥勒寺が周囲の寺院を通じて民衆を支配したからにほかならない。

しかしながらその弥勒寺の伽藍は、明治維新によって破壊された。破壊された跡地には、料亭や土産物屋が軒をならべたという。宇佐神宮弥勒寺の信徒たちは、寄る辺を失ったのである。明治四年の太政官布告によって、宇佐神宮は官幣大社となり、内務省の統制下に入る。八幡社の総本山宇佐神社は、戦時中は神都と呼ばれた。

一方藤原氏の氏寺である興福寺は、伽藍こそ壊されなかったものの、僧侶たちは同じく藤原氏の氏神である春日大社の神職団に編入させられている。しかし宇佐神宮では失われたものが、いまも春日大社と興福寺には残っている。神職と僧侶が相互に祝詞を唱え、読経するシーン。すなわち神仏習合の原風景である。

かくして国家神道は宗教であることを否定し、死刑制度が確立された

木戸孝允の主導で定められた「五箇条の御誓文」は、明治新政府出発のマニフェストだといえよう。天皇みずからが公卿諸侯の前で「天地神祇」を祀り、公家を代表して三条実美が御誓文を読み上げたのが慶応四年三月一五日。その一三日後に「神仏判然令」が布告されたのである。のちに大日本帝国憲法に「万世一系ノ天皇ノ統治ス」とされるものが「御誓文」には「大いに皇基を振起すべし」とある。天皇が治める国の基礎を奮い起こすべきだ、という意味である。

その「五箇条の御誓文」の発布の翌日、一般庶民にむけて「五傍の高札」が掲げられた。高札の第三札には「切支丹邪宗門の厳禁」とある。実際、岩倉使節団が訪米する直前（明治四年）に、伊万里（佐賀）県のキリスト教徒六七人が捕縛されている。すぐに諸外国の抗議で撤廃されたものの、豊臣秀吉いらいのバテレン追放令をそのまま継承せざるをえなかった、明治政府の異教への恐怖と国際感覚のなさが露呈したかたちだ。これ以前（明治二年）にも、長崎の大浦天主堂に出入りするキリスト教徒三四〇〇人が逮捕されている。

かように、明治政府の宗教政策は、太政官府および内務省による強引な統制であった。法的には憲法第二八条の「日本臣民ハ安寧秩序ヲ妨ケス及臣民タルノ義務ニ背カサル限ニ於テ信教ノ自由ヲ有ス」つまり、安寧と秩序を妨げるようであれば、いつでも弾圧される「信教の自由」なのである。その宗教統制のなかで、神道のみが行政化されたのだった。

行政上は、神祇官（のちに神祇省）の復活が行なわれた。この神祇官は職階こそ太政官よりも上位だが、位階は従五位の下と低い。禁裏に昇殿できない地下人《じげ》なのである。とても天皇を頂点にいただく新政府の中枢として、耐えられる形式の職ではなかった。

まもなく神祇省は廃止されて教部省となり、のちに内務省社寺局に統合される。そして宮中においては、天皇をいわば最高神祇官とする体制がつくられた。天皇祭祀の業務は、宮内省式部寮が執り行なうことになる。祭祀が役所から禁裏に移され、ここに神代天皇制への復帰が行なわれたのである。神代天皇制とはつまるところ、超歴史的な神話世界《フィクション》である。

明治三三年になると、内務省の社寺局が神社局と宗教局とに分離された。これは官幣社および国幣社などの神社が、行政的には宗教ではないという意味である。一方では小さな神社や民間信仰の祠などが統廃合され、神道は国家の行政機関に組み込まれたのだった。

祭祀は伝統的な行事であり、神道教育は道徳を教育するものであって、宗教ではないというのが政府の立場だった。神道は宗教ではなくなったのだ。逆に言えば、国民を宗教で統合することは放棄された、あるいは失敗したのだ。じつに日本人の宗教心の希薄さは、ここに淵源があったといえよう。

そして天皇の地位は、政治から相対的に分離される一方、大元帥となって「政権」から分離された「統帥権（兵権）」が憲法に明記される。これが軍部ファシズムへの法的な根拠となったのは周知のとおり。陸軍大臣の任免権をめぐって、政治と統帥権が分立・衝突したのである。この天皇制国家において、死刑はおおいに発動された。治安維持法による思想犯の逮捕、拷問による虐殺、そして膨大な死刑——。

死刑をめぐる作品——文学は死刑をどのようにとらえ、いかに人間の苦悩を描いてきたか②

ドストエフスキー『罪と罰』（池田健太郎訳、中央公論社）

ドストエフスキーの『罪と罰』、用語は異なるが、今回別にとりあげたベッカリーアの『犯罪と刑罰』など、おそらく「罪と罰」というテーマには無数の著作があるだろう（ドストエフスキーがベッカリーアの本書からヒントを得たとの説は前述した）。

それも文学作品と法律書では、あるいは少年法では、その視野が異なる。言うまでもなくドストエフスキーの『罪と罰』は小説である。本書の紹介に当たっては『世界の文学』（中央公論社、池田健太郎訳、昭和三八年二月初版）によった。現在では他に新潮文庫、光文社古典新訳文庫、岩波文庫がある。

訳者によるとドストエフスキーの名前が日本で読書界に知られてから七〇年（当時）になる、とある（現在では、ほぼ一二〇年）。本書の最初の翻訳は、明治二五年とあるので、ほぼ一六〇年をさかのぼる。ドストエフスキーが日本で紹介された時期は彼の死亡後一〇年以上経っている。

本書は、現代においても死刑を考えるうえで避けることはできない古典文学書である（筆者は、本書を昭和三〇年代に入手しているが、小説の主人公であるラスコーリニコフと質屋の老婆殺人事件物語であること以外の記憶はない）。今回改めて三回（一回目は乱読、二回目は登場者の名前をメモし、三回目に精読しつつ原稿執筆）読んだ。

第1　この小説は、ドストエフスキーの自叙伝とも云われている。たしかにドストエフスキーには妹がいたし、本書執筆当時は母も生存していた。ただしドストエフスキーの他の作品（『悪霊』、『カラマーゾフの兄弟』）にも殺人事件がでてくる。ただシベリア流刑で知り会った囚人の影響にもとづいているようだ（池田氏は、自叙伝要素は間違いないと断定している）。

第2　質屋、居酒屋の雰囲気は作家の青年時代を過ごしたペテルブルクの裏町が素材となっている。

第3　この小説には五人の主な関係者がいると筆者は思う（三人説もある）。著者の母親、妹、その婚約者、予審判事、および数少ない友人の計五人である。本書を精読し新たに理解したことは、著者は長い年月を費やしメモ帳に記録し、精細な会話と心境表現が続くことだ。

本書の主人公ラスコーリニコフは、殺人事件を起こしながら、あらゆる手段と詭弁とも思われる言葉で自らの殺人容疑をあいまいに語りつくしているが、ある時には母親や妹の前で土下座して謝る姿もある。

ドストエフスキーが『罪と罰』を構想し、執筆した成育歴や時代背景も本書出版に大きな影響を与えている。

1　成育歴

著者の父親は軍医であり、母親は、富裕な商家の出である。ドストエフスキーは息子四人、娘三人のうち次男であった。貧乏だったようだが、父親は教育熱心であり陸軍士官学校入学（母親は死亡）、卒業後に中尉となっている。しかし本人は理想主義者であり、古典書を愛読していた。

父親は、母親の死亡後、酒におぼれ彼の一八歳の時に農奴たちに惨殺されている。彼は、一八四四年（二三歳）に中尉退官、翌年「貧しき人々」（処女作）

が雑誌に掲載（一八四八年）され、これを読んだ著名な詩人の激賞もあり作家生活に入る。

2　時代の背景

ドストエフスキーが生存した時代（一八二一〜一八八一年）はクリミア戦争が終結し奴隷制度の廃止、貴族社会の崩れから、新しい時代の訪れを歓迎する声が拡大した時代であり、マルクスの『共産党宣言』（一八四八年）が出ている。

簡略に著者の生存した成育歴と時代背景を述べたが、翻訳者池田氏は、本書の内容が「相当に複雑な作品である」との前提で三点を挙げている（その説明自体が複雑であるが）。池田氏は、「人間心理の描き手、人間の隠れた本能の探究者、巨大な思索家である……作者の世界へわけ入ることは、この解説の範囲をいちじるしく逸脱する」とし、評論家・小林秀雄による評釈を信用し「ドストエフスキーから哲学者は『観念』を盗み、文学者は『真理』を盗んできた……逆に言えば作者が人間存在の問題に、それほど富んでいたと言えようか」と結んでおり、『罪と罰』は「筋書きから言えば、殺人推理小説の単純な原型にすぎない」とも断定している（五九五頁）。

池田氏は将来のロシア文学者と期待されていた（五〇歳で逝去）。事実、若くして同書翻訳のほかにドストエフスキーの翻訳が多数ある。

しかし、問題は翻訳のことではなく「解説」にある。

ドストエフスキーの『罪と罰』は（誤解をおそれずに言えば）、「罪（殺人といえども）が罰の必然・不可欠な対象ではない」ことを本書を通じ一貫して書き続けたのだ。このことを池田氏は一切指摘していない。残念なのは、文学者・池田氏に対してではなく、日本では『罪と罰』の翻訳書は複数冊あり、その発行部数は何万と推定されるが、そもそも日本の刑法学者、司法界を含む法律の関係者らが、この『罪と罰』をどのように理解しているのかについて、わたしは寡聞にして知らないことである。

本書の記述を通じて、ドストエフスキーの言わんとするところを紹介しよう。

主人公ラスコーリニコフは、法科大学の学生であり家庭教師をしながら大学に在学していたが、家庭教師のバイトがなくなり中途退学した元学生となっている。彼の住まいは五階建アパート屋根裏の物置であり、食事と女中付である。ここから七三〇歩離れたところに質屋を営む老婆が住んでいた。これまでに彼はここへ質草を持ち込むことがあり、この老婆とは懇意な間であった。彼は「あれ（殺人）をやるのは遊戯なんだ」（傍点筆者）と自分に言い聞かせていた。そのため現場の様子や老婆が一人でいる時間（義妹が時間給で働いていた）を克明にするなど長期にわたり綿密な準備をしていた。

フョードル・ミハイロヴィチ・ドストエフスキー

そのころR県に一人で住んでいる母親から長文の手紙が届いた。その中身（要旨）は、「ロージャ（彼の愛称）、あなたと妹（ドウーニャ）は、わたしたちの希望です。すべてです」にはじまり、数カ月大学へ行っていないこと、家庭教師の収入が減ったことの心配から、わずかな年金を抵当に入れ、少しの金を送金したこと、さらにルージン（弁護士）が妹（ドウーニャ）と婚約するので知らせるが、賛同してほしい、ロージャも法学部学生であるから、ルージンの法律事務所で働くこともできる、などというものだった。
ラスコーリニコフは、この時点で「あれ」を実行する決意をすでにしていた。そして曰く「おれの目の黒いうちは、こんな結婚はさせないぞ」。

ラスコーリニコフは、ある日友人ラズミーヒンに会うため出かけたが道に迷ったとき、若い（二〇歳前後の）女性がフラフラしているのに出会った。彼はどうしたかと思い後について行ったところ、別の男がやはり後についていることを知り警戒した。その女性は酔っぱらってベンチにぐったりしたので声をかけたが、意識朦朧としていた。警察に電話してポリスがきた。彼はそれ以上の面倒をやめ、母親から送られた金から小銭をその女性に手渡し現場をはなれた。それは「あれ」をする前のことである。

彼が「あれ」を実際に実行する決意をしたのは次のようなことがあったからである。

ある日、彼は、疲れから街の喫茶店でビールを飲んでいた。隣席の将校と大学生の二人が話していることを聴いていると、自分が計画してる「あれ」のことであった。一言も漏らすまいと、聞き耳をたてた。その話は以下のようであった。

「馬鹿で無意味で、くだらない、意地悪な病気の婆アがいる。だれにも必要のない、反対に、みんなにとって有害な、自分でも何のために生きているのかわからない、あしたにもひとりでに死んでいきそうな婆アが、わかるかい。一方、援助がないためにむなしく滅びる若い新鮮な力がある。それも何千となく、いたるところに。寄付される婆アの金があれば、……何千という生活が正道に向けられ、何十という家庭が、貧困や腐敗や、破滅や堕落や性病病院から救われる。それが、みんなあいつの金でできる。あの婆アを殺して金を奪う、その金でいずれも全人類への、共同事業への奉仕に身を捧げる。小さな犯罪は、何千という善行によってあがなえないだろうか」。

想定外のこと

事件は想定外のこととなっていた。①留守との確信が外れ、知り尽くしていた貴金属の入ったタンスの合鍵がうまく開き目的物を確認した瞬間に婆ア・アリョーナ・イワーノヴナが帰宅しドアの前に突っ立って茫然としていたのだ。②さらに外出していた義妹のリザヴェータが帰宅したのだ。事件は二人への殺人事件となった。

ラスコーリニコフは老婆アを殺して以降、自宅で夢遊病者のごとく寝込んでいたが、警察から出頭状が送付され、事件の関係かと恐れながら近くの警察へ出頭した。それは単に別件の債務請求の件であった。彼は留守の間に家宅捜査されたか心配していたが、壁の穴に放り込んでいた貴金属は無事であった。しかし後になってポケットに押し込んだ貴金属の一部を下宿の階段に落とし、それを拾ったペンキ屋が後日、当事件の犯人と疑われることとなった。友人曰く「警察がでたらめを言っている。でたらめは常に許すことができる。でたらめは愛すべきものだ。真実へ通じる道なのだから。そうじゃなくて、いまいましいのは、彼らがでたらめを言いながら、自分たちのでたらめをあがめ奉っていることだ」。

ラスコーリニコフはペテルブルクの中心を流れる河に差しかかったとき、目の前でずきんを被った長身の女が右手を欄干において河に身投げしたのを目撃した。その女性は幸い急報でかけつけた警官に助けられたが、彼は手持ちの小銭をすべて、その場にいた娘にあたえた。そのとき彼は河岸通りをものうげに歩きながら「とにかく、けりをつけるんだ（婆ア殺しの件）。これが結末だろうか、いや違う『一尺四方の土地くらいはある』それにしてもとんだ一巻のおわりだ」と嘆いている。この言葉がかの有名な死刑を宣告された男が死の一時間前に言った言葉だ。曰く「永遠の闇と永遠の孤独と永遠の嵐に囲まれ生きて行かねばならないとしても――その一尺四方の土地に一生涯……永遠に立ちつづけなくてはならないとしても、ただ生きておればいいんだ」。

三年ぶりの母と妹との対面

・母（サンドロブナ）は一人暮らしだが、娘（ドゥーニャ）は母親の近くに住んでいて母の手助けもしていた。三年ぶりにラスコーリニコフと母親、妹の三人がペテルブルクで会うこととなり妹の婚約者ルージン（弁護士）も三人を迎えた。

家族や友人らが談笑しているなかで、馬車で轢かれて即死した人の娘にも、ラスコーリニコフが所持していたポケットの持ち金をあげたことなどからルージンと口論となった。ルージンの考えは「汗水をながして手に入れた金」が一番大事であった。ドゥーニャは彼にとって六年も前から結婚を思っていた女性であった。ラスコーリニコフは、そのような男との妹の結婚をぜったいに認めない決意をしていた。せっかく家族が集まったなかでの兄とルージンとの口論で妹のドゥーニャは泣いた。

・ロージャ（ラスコーリニコフ）はソーニャ（窃盗事件の濡れ衣を助けられた）の住まいを探しながら訪ねた。彼は「あなたのところへうかがうのはこれが最後です」と言った。その後、彼は突然ソーニャの足元にキスした。そして曰く「僕は君に対してひざまずいたんじゃない。全人類の苦しみにひざまずいたのだ」と。「明日はあなたのお父さんの葬式に出席しなくては」と言ったところ、彼女が突然「昨日は斧で殺されたイワーノヴナさんの追善供養に行った」と話した。そのあと二人は、延々とキリスト論議をしていた。あくる日、ロージャは警察の予審部へ出頭する。

・予審判事のポルフィーリィが自室でロージャと二人だけで対面した。彼はにこやかに「遠路はるばる」と話しかけたが、ロージャは五分もすると極度の警戒心におそわれた。ポルフィーリィはその様子を察し「時間はたっぷりありますから」と部屋のなかを行ったり来たりした。「ところでどうでしょう……あらゆる予審判事には、まあ司法上の礼儀があって最初は遠回しに、全く関係ないことからはじめて被疑者を元気づける……」などと言って彼をいらいらさせた。ロージャは「あなたは昨日訊問のため来てほしいというので来たのです。そうでなければいそがしいので訊問するか放免するか、どちらかにしてください。そうでないならこれで失礼します」と言った。予審判事は「訊問なんてトンデモない」と言いながら「あなたは法律家志望なんですね」など無駄話をやめなかった。

ロージャは、ふるえる足で立ち上がり「あなたが、あの老婆と妹殺しの容疑者として、僕に強い嫌疑をかけているのですね。もしあなたが法律的に僕を追及する権利があると思うなら逮捕するがよろしい」と言ったが、それでも予審判事は雑談をやめなかった。

・ロージャは「じりじりと苦しめられるのはご免です。……僕を逮捕してください。家宅捜査を正式にやってください」。ロージャは突然帽子を取り出口のドアを開けようとしたが、ロックされていた。

・彼は予審判事に駆け寄った。「貴様はでたらめばかり言っている。人を呼ぶなら呼べ、おれが病気なのを知っていて狂乱になるまで尻尾を出させるのが貴様の本音だ」。そのとき隣の部屋で騒がしい音がして四～五人がドアを開けて入ってきた。予審判事は「駄目だ連れて帰れ」と大声を出したが、その老人（ニコライ）は「あっしは人殺しです」と言った。彼はラスコーリニコフに気付いて近寄り「失礼しました。自分でもわけがわからず……」とつぶやいた。ラスコーリニコフ（ロージャ）は戸口から出ようとした。予審判事は、最後に「またお目にかかりますよ」と言った。

・ロージャは、自宅に帰りニコライの自白は、厳然たる事実だが、この事実の結果は嘘であり、いずればれる。その時再び自分が追及される。少なくとも、それまでは自由だから安全のための何らかの手を打たねばならない。彼は追善供養に出かけることにした。そこでソーニャに会える。

彼はソーニャとの結婚を考えていた。それには婆ア殺人の件を話さなくてはならない。供養会の後二人きりになったところで彼は「僕は帰りがけに、たぶんこれが永遠の別れになるだろうが、もしきょうきたら……アリョーナを殺したか教えてあげよう」と話した。彼女は突然わなわなとふるえはじめた。「なぜあなたは、ご存知なの？」

・ロージャは、親しい友達の男を殺すつもりはなかったが、偶然殺した。さらに一分が過ぎた。「まだ当てられないのか」と彼が言った。彼女は絶望的に彼の首へ飛びついて彼を抱きしめた。「あなたと一緒に監獄へいきます」とも言った。ところが彼は「まだ懲役へは行く気はないんだよ。ここへ来たのは君に僕をすてないでくれと言うためだけだったのだ。僕はナポレオンになりたかった、そのために人殺しをしたんだ」、「ナポレオンなら立身出世のため婆さんを殺さなければならないとしたら、それが罪深いことと思われなかったはずだ」。など自分で滑稽なことだと言って殺しを話したことを反省し「自分のために殺したんだ」、「殺したのは悪魔だ」とも。ソーニャが自首を勧めても拒否した。「あの連中のところへは行かない。……やつら自身何百人もの人間を滅ぼしながら、それを善行と考え奴らの手には証拠がない。もっとも近く逮捕されるだろう」と。

・予審判事のポルフィーリィが「前から一度お寄りしようと思っていたものですから」と言って彼の部屋へ入ってきた。「釈明にきたんですよ。……あなたは寛大な萌芽を持った人として尊敬しているのです」。ロージャは「この男は何を言っているのか。

まさか無罪と思っているわけではなかろう」。

予審判事「あなたは、今でもニコライが犯人だと思っているようだが」。

ロージャ「そうでなければ誰が殺したのか」。

予審判事「あなたが殺したのだ」。

ロージャ「あれは僕が殺したのではない。あなたは古い手を持ち出しましたね。一流のやり方を。僕を犯人と思っているならなぜ逮捕しないのか」。

予審判事「逮捕するのは、私にとって不利なのです。ほんの一筋の証拠を握っているだけです。今日きたのは、あなたに自首を勧めるためです」と言った。そして「あなたの自首が思いがけないことだったように取りつくろいます。あなたに対する嫌疑もなかったことにします」。

「いや、その必要はない。隠す物もない。減刑の必要もない」とロージャは強調した。……「僕がきょう白状したなんて、うぬぼれないでください」と言って部屋から飛び出した。

・ロージャは母と妹の住まいへ行った。ドゥーニャは留守だった。母は仰天してはじめは言葉もでなかったが「お前の雑誌の論文を読んだ。わかるはずはないが、こういう仕事をしているんだ、謎は解けた」と涙を流した。「コーヒーがあるのにお前に、ごちそうもしないで」と母親が言うと、ロージャは「お母さん結構です。どうか僕の言うことを聞いてください。世間の人がどんなことを言っても僕を愛してくれますか」。「あたしはだれのいうことも信じません」とわが子を抱くと、ロージャを胸に押し付けてさめざめと泣いた。
「ロージャお前はどこに行くの」。「旅に出るんです。じゃ、ご機嫌よう」。母親は息子に何か恐ろしいことが起こって、その時が来たのを理解していた。

「また来ますよ、さようなら」。彼はとうとう振り切って外へ出た。

ラスコーリニコフは家路に就き、ドアを開けるとドゥーニャが来ていた。「ひと晩じゅうどこにいらしたの」。「よく覚えていない。ネワ川近くを行ったり来たり、あそこでけりをつけようと思った、が……決心しきれなかった」。「よかったわ、兄さんはまだ生《せい》を信じているわけね。よかったわ。……ああ、もうたくさん」。ドゥーニャが叫んだ。「もう遅い、僕は今から自首にいく」。彼女の両頬に大粒の涙が流れ、兄を力いっぱい抱きしめた。「もう兄さんは罪の半分を流しておいでじゃないかしら」と。彼は「罪だって、どんな罪なんだ」と逆上して叫んだ。

　彼の主張は、（要旨）「だれにも必要のない金貸しの婆アを、いっそう殺したら四〇の罪が許されるような、貧乏人の汁を吸い取っていた婆アを殺したことが、あれが罪なのか。僕は考えたこともない。ましてや洗い流そうなんて思いもしない。それを何だって『罪だ、罪だ』と言うんだ。しかし今になって、この不必要な恥を受ける決心をした、あさましい、無能な男だからにほかならない」。

　裁判はさしたる困難もなく終わった。彼は殺人の過程を細大もらさず語り、死んだ老婆から鍵束を取り、長持の中身も説明した。殺害の後、階段をかけ降りるとき、ニコライらの声を聞いたこと、ある裏庭の石の下に中身を知らないまま置いたことも話した。

　そのことから一時的な精神錯乱とされた。彼は、赤貧の中から老婆から三〇〇〇ルーブル手に入れれば出生の第一歩を確実なものとできるとも述べた。しかし判決は、犯人が自己弁護をしなかったこと、彼が強奪した金品を使用しなかったことも、部分的には知的能力が充分でなかったと判断された。

　狂言者ニコライの件で混乱したが、自首までに証拠もなく嫌疑もなかったことから、ポルフィーリィは、立派に約束を守った。判決は八年の第二級懲役であった。判決から二カ月後ドゥーニャはラズミーヒンと結婚した。ラスコーリニコフは出獄後にソーニャと結婚し、彼ら二組の家族は、いずれもシベリアに居を構える計画であった。

むすび

本稿執筆に当たっては、小説『罪と罰』を犯罪学から検討、紹介する意図から出発した。主人公ラスコーリニコフがロシア革命を意識し犯行に及んだ当該殺人事件では、客観的証拠は存在しない。本書の最初の出版はクリミヤ戦争終結後だがロシア革命前であり、むろんギロチンはなくとも死刑（銃殺刑）がある。ドストエフスキー自身が政治犯により銃殺刑の直前に執行を免れた経験があり、監獄入所歴があった。彼は自首段階では自らの犯した殺人については、「深く反省する」と、これまでの正当論を撤回している。

ロシア・1960年代の銃殺処刑図

確信犯でもある老婆殺しを小説とはいえ、このような転換で終結したことにドストエフスキーの『罪と罰』は失敗している、とも言われている。そのような批判も「むべなるかな」である。

本書を「犯罪学」の視点から考察するならどう位置付けるか。

指摘すべき第1　証拠がなく、嫌疑もない事件につき、仮に状況証拠のみで起訴することは論理的に無理がある。ただ、わが国にあっては、これが通常である。「疑うときは罰せず」の格言は逆に「疑うときは起訴ありき」が現実である。残念ながら、この現実が警察、未決拘留での冤罪の温床となっている。これが『罪と罰』出版から二〇〇年後の日本の悲しい現実である。

第2　ラスコーリニコフの精神状態など、法解釈を超えた「犯罪学」の分野にも触れて量刑判断している。犯罪学という神の世界に「魂をいれる」試みがある。

第3　本書が小説であるとはいえ、本書を読んだこれまでの法律家、とりわけ刑法学者が現在の日本において、上述のような論点につき記述した書籍を筆者は知らない。詳細は前述した。

第4　付言ながら、別論説において紹介した永山則夫は、本書を未決拘留の段階で熟読していた。彼が「売春婦と乞食を除いて総一億人が敵だ」と述べた初期のころは別として、『無知の涙』、『人民を忘れたカナリア』の著作や警備員に殺してくれと、あえて誤射するなど『罪と罰』の影響が明白である。永山は本書を熟読するうちに死刑囚として著述を続け、自然死するまで生きることができれば、と思い定め読書と執筆に精をつくしていたはずだ。彼はフーコーも読んでいた形跡がある。

第四章　われわれは死刑を望む国民になった

明治刑法——近代死刑制度の成立

プロイセン憲法に範をとった明治憲法（大日本帝国憲法）は、その運用において思想弾圧と戦争を回避できなかったとはいえ、きわめて近代的な憲法である。

三権分立がこれによって確立し、罪刑法定主義も「日本臣民ハ法律ニ依ルニ非スシテ逮捕監禁審問処罰ヲ受クルコトナシ」（第二三条）と明記されている。少なくとも、立憲主義や社会契約説など近代憲法の基本的エッセンスを無視した、最近の自民改憲草案（二〇一二年）に比べると、はるかに近代的で民主的な憲法であることがわかる。

その明治憲法の準備過程では、死刑制度を前近代的なものとして、その廃止を謳っていた人は少なくない。植木枝盛（一八五七〜一八九二年）の「東洋大日本国国憲按」（一八八一年）には、人民の自由権利を制限する立法の禁止、思想の自由、教授の自由、歩行の自由、拷問の禁止、無法に抵抗する権利（抵抗権）などとあわせて、死刑の廃止が挙げられている。斬新な内容の人権規定が多く含まれていたのだ。死刑については、とくに「何等の罪ありと雖《いえど》も生命を奪はれざるべし」としている。条件なしの死刑廃止である。

植木とともに同時代に自由民権運動に貢献した千葉卓三郎（一八五二〜一八八三年）の起草による通称「五日市憲法草案」には、「国事犯のために死刑を宣告されない権利」を謳っている。国事犯とは政治的な理由による罪科である。したがって「五日市憲法草案」は政治活動の自由を視野に入れていた。文明開化の一時期、わが国の理性は死刑廃止に占められていたようだ。

さらに旧監獄法の起草者でもある小河滋次郎（一八六四〜一九二五年）は、植木、千葉らとは異なり学者（『監獄法講義』一九九二年刊）だが、高級官僚（検察官）でもあった。彼は明治三三（一九〇〇）年に浅草本願寺前において宗教家を前に、「宗教家こそ率先し死刑廃止を」と、「廃死刑論」の講演をしている。

その他、留岡幸助（一八六四〜一九三四年）は、北海道家庭学校（後の教護院）の創立者であり、明治三三年『死刑廃止論』の著書がある。

花井卓蔵（一八六八〜一九三八年）は、中央大学法学部卒業・弁護士、政治家（七期代議士）、検事総長等を歴任。大逆事件弁護人、議会内外で死刑廃止を訴えており雄弁家でもあった。

冒頭に引用した憲法第二三条の基幹法としてつくられたのが、明治刑法と刑事訴訟法である。いまわたしは明治刑法と書いているが、実は現行刑法自体が明治四〇（一九〇七）年につくられた明治刑法なのである。刑事訴訟法は何度も改訂され、現行法は昭和二三（一九四八）年成立である。

刑法はパリ大学の法学者ギュスターヴ・エミール・ボアソナードを顧問に編纂され、大陸法を参考につくられた。それに先立つ明治一二（一八七九）年にはボアソナードの熱心な意向から拷問が廃止されている。自然法に反する行為だとする意見である。この場合の自然法は倫理、あるいは人倫といった意味合いとなる。単純にヒューマニズムと解釈してもいいだろう。今日のわれわれが死刑を前近代的と考え、その存否を議論しているのも自然法が時代の変化を衝くからにほかならない。

明治刑法において、江戸時代から変更された諸点を挙げておこう。

死刑に伴う「市中引き回し」、「磔刑」、「獄門」などが禁止された。これは死刑を生命刑とする考え方で、死者の名誉を奪う見せ物化を禁じたのである。公開刑の廃止である。さらに絞首刑の採用によって、斬首や火刑、鋸挽き、切腹が廃止された。死刑囚の人権を認め、年を下るごとに更生措置や教導が行なわれるようになっていく。

一方、陸軍刑法と海軍刑法（ともに一九〇八年成立）では、銃殺刑が実行されている（二・二六事件）。このときは、民間人である北一輝らも銃殺刑となった。

憲法と刑法の矛盾

現行の日本国憲法には、直接的に死刑について明文化した規定はない。このため戦後日本国憲法が公布されてから、死刑制度が憲法違反であるかどうか様々に議論されてきた。ここでは憲法および死刑の論拠となる条文を抜粋してみよう。

まず、死刑制度が憲法違反であるとする論拠は、憲法第三六条に明記されている。

公務員による拷問及び残虐な刑罰は、絶対にこれを禁ずる。

この条文の関連法としては、刑訴法第三一九条の「拷問による自白の証拠能力」を証拠とできない、とする規定がある。ちなみに明治憲法では、残虐な刑罰を禁じる条文はない。したがって、現行憲法はその反省のうえに、残虐な刑罰である死刑を廃止する論拠となる。

ところが、同じ憲法の罪刑法定主義をうたう第三一条には、死刑の論拠となる条文があるのだ。国民の法的権利を保障する条文が、まさに死刑を逆説的に明文化していると解釈できる。

何人も、法律の定める手続によらなければ、その生命若しくは自由を奪はれ、又はその他の刑罰を科せられない。

その「法律の定める手続き」とは、まず第一には刑法にある。以下、刑法および刑訴法、監獄法に至るまで、死刑を定めた法規を総覧してみたい。

死刑になる犯罪、すなわち刑法に刑罰として「死刑」が規定されているのは、以下の一三種類の犯罪である。やや漢字ばかりが羅列される、刑法に特有の記述になるが、眺めるように読んでいただきたい。

内乱罪の首魁（第七七条一項）、外患誘致罪（第八一条）、外患援助罪（第八二条）、現住建造物等放火罪（第一〇八条）、激発物破裂罪（第一一七条）、現住建造物等浸害罪（第一一九条）、汽車転覆等及び同致死罪

（第一二六条）、往来危険による汽車転覆罪（第一二七条）、水道毒物等混入及び同致死罪（第一四六条）、殺人罪（第一九九条）、強盗致死傷罪（第二四〇条）、強盗致死罪（第二四〇条）、強盗強姦致死罪（第二四一条）。

ほかに特別法として、次の五つの犯罪に死刑が定められている。

爆発物取締罰則（明治一七年太政官布告第三二号）、決闘罪（決闘罪ニ関スル件、明治二二年法律第三四号）、ハイジャック防止法（航空機の強取等の処罰に関する法律、昭和四五年法律第七八号）、航空機墜落致死罪（航空の危険を生じさせる行為等の処罰に関する法律、昭和四九年法律第八七号）、人質強要行為処罰法（人質による強要行為等の処罰に関する法律、昭和五三年法律第四八号）のうち人質殺害罪。

このうち、内乱罪と外患誘致罪、外患援助罪は国事犯（政治的犯罪）である。内乱罪はその名のとおり内乱を犯罪とするものだが、五・一五事件でも二・二六事件でも適用されていない。いずれも陸軍刑法が適用され、軍事裁判となったものだ。一九一九年の朝鮮における三・一独立運動に内乱罪の適用が主張されたが、予審は騒擾罪（現在の騒乱罪）で京城法院に送致している。

唯一、未然に発覚した神兵隊事件で内乱予備陰謀罪（一〇年以下の禁固）で審理が進められているが、大法院において刑が免除された。

実はオウム真理教の新見智光元死刑囚の弁護人が、オウム事件への内乱罪適用を主張したことがある。これは内乱罪の刑罰に「首謀者は死刑又は無期懲役」とあるところから、首謀者の麻原彰晃のみが死刑になるという法廷戦術だった。

外患罪については、あまり馴染みがないのではないか。外国の侵略を誘致した者、および援助した者に対する刑事法である。とくに外患誘致罪は刑罰が死刑しかなく、有罪になれば死刑という恐ろしい法律だ。ゾルゲ事件で適用が検討されたが、適用されずに治安維持法と国防保安法で死刑となった。激発物破裂罪と爆発物取締罰則（爆取）はよく似た法令だが、前者が建物やボイラーの爆破を想定しているのに対して、爆取は爆弾など公安事犯を対象にしている。七〇年代の過激派事件では数多く適用されている。水道毒物、汽車転覆など、公共の危険性が高いものに死刑が適用されているが、一般市民にはあまり縁のない犯罪ではないだろうか。

一方、刑の規定の最初にある刑法第九条では「死刑、懲役、禁錮、罰金、拘留及び科料を主刑とし、没収を付加刑とする」としている。死刑をもって罰するの意である。さらに刑法は、死刑の方法を「絞首」と定めている。

死刑は、監獄内において、絞首して執行する。2 死刑の言渡しを受けた者は、その執行に至るまで監獄に拘置する。（刑法第一一条）

また一方、刑訴法においては、以下のような規定がある。死刑に相当する事件の被告人の、弁護権についてである。

死刑又は無期若しくは長期三年を超える懲役若しくは禁錮にあたる事件を審理する場合には、弁護人がなければ開廷することはできない。2 弁護人がなければ開廷することができない場合において、弁護人が出頭しないとき、又は弁護人がないときは、裁判長は、職権で弁護人を附しなければならない。

（刑事訴訟法第二八九条）

いずれも死刑を前提とした訴訟手続き、そして執行の責任と期間である。

死刑の執行は、法務大臣の命令による。２　前項の命令は、判決確定の日から六箇月以内にこれをしなければならない。但し、上訴権回復若しくは再審の請求、非常上告又は恩赦の出願若しくは申出がされその手続が終了するまでの期間及び共同被告人であった者に対する判決が確定するまでの期間は、これをその期間に算入しない。

（刑事訴訟法第四七五条）

右に引用したとおり、ほんらい死刑は判決が確定してから六カ月以内に執行されなければならない。しかるに、二〇一八年七月にオウム関係者一三人の死刑が執行されるまで、実態は年に数件であった。もっとも長かった死刑執行停止は、一九八九年一一月一〇日から一九九三年三月までの三年四カ月という期間がある。ただし、後述するように特定の場合に六カ月を過ぎて死刑執行できない場合がある。

次は死刑執行手続きの立会い人の規定である。

死刑は、検察官、検察事務官及び刑事施設の長又はその代理者の立会の上、これを執行しなければならない。２　検察官又は刑事施設の長の許可を受けた者でなければ、刑場に入ることはできない。

（刑事訴訟法第四七七条）

非公開の原則がここで確認できる。さらには報告書（始末書）である。

死刑の執行に立ち会った検察事務官は、執行始末書を作り、検察官及び刑事施設の長又はその代理者とともに、これに署名押印しなければならない。（刑事訴訟法第四七八条）

ここが肝要なのだが、心神喪失の者は死刑執行を停止される。そして妊婦・出産婦に関する執行停止の規定である。

死刑の言渡を受けた者が心神喪失の状態に在るときは、法務大臣の命令によって執行を停止する。2　死刑の言渡を受けた女子が懐胎しているときは、法務大臣の命令によって執行を停止する。3　前二項の規定により死刑の執行を停止した場合には、心神喪失の状態が回復した後又は出産の後に法務大臣の命令がなければ、執行することはできない。4　第四七五条二項の規定は、前項の命令についてこれを準用する。この場合において、判決確定の日とあるのは、心神喪失の状態が回復した日又は出産の日と読み替えるものとする。（刑事訴訟法第四七九条）

いずれも法務大臣の命令によるものだが、心神喪失者については死刑執行を停止する。妊婦にかんしても執行を停止し、新たに法務大臣の命令がなければ、死刑は執行できないというのだ。

【書籍ご購入お申し込み欄】

お問い合わせ　作品社営業部
TEL 03(3262)9753／FAX 03(3262)9757

小社へ直接ご注文の場合は、このはがきでお申し込み下さい。宅急便でご自宅までお届けいたします。送料は冊数に関係なく500円（ただしご購入の金額が2500円以上の場合は無料）、手数料は一律300円です。お申し込みから一週間前後で宅配いたします。書籍代金（税込）、送料、手数料は、お届け時にお支払い下さい。

書名	定価　　　円	冊
書名	定価　　　円	冊
書名	定価　　　円	冊
お名前　　　　TEL　（　　　）		
ご住所　〒		

フリガナ
お名前

男・女　　　　　歳

ご住所
〒

Eメール
アドレス

ご職業

ご購入図書名

●本書をお求めになった書店名

●ご購読の新聞・雑誌名

●本書を何でお知りになりましたか。

イ　店頭で

ロ　友人・知人の推薦

ハ　広告をみて（　　　　　　　　　　　）

ニ　書評・紹介記事をみて（　　　　　　　）

ホ　その他（　　　　　　　　　　　　　）

●本書についてのご感想をお聞かせください。

ご購入ありがとうございました。このカードによる皆様のご意見は、今後の出版の貴重な資料として生かしていきたいと存じます。また、ご記入いただいたご住所、Eメールアドレスに、小社の出版物のご案内をさしあげることがあります。上記以外の目的で、お客様の個人情報を使用することはありません。

まだ実例はないものの、死刑判決を受けた女性が妊娠していたら、死刑を停止するのみならず、新たな命令がないかぎり死刑は執行されないのである。この条文に法務官たちの繊細な心づかいが読みとれ、冷厳きわまりない刑法・刑訴法を読んでいて、ホッとする心地を抱く。

ホッとしたところで、思わず息詰まるような気分にさせる、旧監獄法第一条から紹介しよう。

四　拘置監刑事被告人、拘禁許可状、仮拘禁許可状又ハ拘禁状ニ依リ監獄ニ拘禁シタル者、引致状ニ依リ監獄ニ留置シタル者及ヒ死刑ノ言渡ヲ受ケタル者ヲ拘禁スル所トス。

次は監獄法第七一条である。ここにも死刑関連の条文がある。

①死刑ノ執行ハ監獄内ノ刑場ニ於テ之ヲ為ス　②大祭祝日、一月一日二日及ヒ一二月三一日ニハ死刑ヲ執行セス。死刑ヲ執行スルトキハ絞首ノ後死相ヲ検シ仍ホ五分時ヲ経ルニ非サレハ絞縄ヲ解クコトヲ得ス。

旧監獄法から改正された、刑事施設および受刑者の処遇等に関する法律である。

刑事施設は、懲役、禁錮又は拘留の刑（国際受刑者移送法（平成一四年法律第六六号）第二条二号に定める共助刑を含む）の執行のため拘置される者、刑事訴訟法（昭和二三年法律第一三一号）の規定により勾留される者及び死刑の言渡しを受けて拘置される者を収容し、これらの者に対し必要な処遇を行う施設とする。

これらは刑事施設に死刑囚を収容するとしているが、旧監獄法第一条に相当する条文である。次に、第三条である。

八　死刑確定者　死刑の言渡しを受けて刑事施設に拘置されている者をいう。

刑事施設および受刑者の処遇等に関する法律、第四条は以下のとおり。

二　受刑者（被勾留受刑者を除く）、被勾留者（被勾留受刑者を除く）、被勾留受刑者、死刑確定者及び各種被収容者の別。

以上のごとく、明治いらいの監獄法は冷厳に死刑の諸規定を定めている。

おそらく疑問に思われるのは、なぜ刑法や刑訴法、あるいは旧監獄法（刑事施設及び受刑者の処遇等に関する法律）が憲法の上にあるのか。そして、刑法および刑訴法の規定は、憲法第三六条に明記されている「公務員による拷問及び残虐な刑罰は、絶対にこれを禁ずる」と矛盾しないのか、という疑問であろう。

これには最高裁判所の判例が答えてくれる。

死刑を容認した最高裁判例と反対意見

それは昭和二三年の最高裁判決である。事件は職場をクビになった一九歳の少年が、自分を疎外しがちになった母親と妹をハンマー状の槌《つち》で叩いて殺したものだ。殺人と死体遺棄、そして尊属殺人（平成七年に廃止）が罪名に加わっていた。

一審は無期懲役判決だったが、控訴審で一審破棄の死刑判決となった。最高裁に上告した被告弁護人は、上告理由として以下の趣意書を提出している。

死刑はもっとも残虐な刑罰であるから、日本国憲法第三六条によって禁じられている公務員による拷問や残虐刑の禁止に抵触している。

最高裁判決は「生命は尊貴である。一人の生命は、全地球よりも重い」と法的な論拠を憲法第一三条を引き「すべて国民は個人として尊重せられ、生命に対する国民の権利については、立法その他の国政の上で最大の尊重必要とする旨を規定している」としたうえで、こう論じている。

しかし同時に、もし公共の福祉という基本的原則に反する場合には、生命に対する国民の権利といえども、立法上制限ないし剝奪されることを当然予想しているといわねばならぬ。そしてさらに憲法第三一条によれば、国民個人の生命の尊貴といえども、法律の定める適理の手続によって、これを奪う刑罰を科せられることが、明らかに定められている。すなわち憲法は、現代多数の文化国家におけると同様に、刑罰として死刑の存置を想定し、これを是認したものと解すべきである。

たしかに憲法第一三条にも「公共の福祉に反しない限り」という但し書きがある。判決はつづけて「社会公共の福祉のために死刑制度の存続の必要性」は承認されているとしたのだ。ついで残虐な刑罰との点については、

刑罰としての死刑そのものが、一般に直ちに同条にいわゆる残虐な刑罰に該当するとは考えられない。ただ死刑といえども、他の刑罰の場合におけると同様に、その執行の方法等がその時代と環境とにおいて人道上の見地から一般に残虐性を有するものと認められる場合には、勿論これを残虐な刑罰といわねばならぬから、将来若し死刑について火あぶり、はりつけ、さらし首、釜ゆでの刑のごとき残虐な執行方法を定める法律が制定されたとするならば、その法律こそは、まさに憲法第三六条に違反するものというべきである。

としている。

この事件は大法廷判決であり、裁判官個人の補充意見が付せられている。そのうち、井上登裁判官の

ものを紹介しておきたい。

刑罰が残虐であるかどうかの判断は国民感情によって定まる問題である。而して国民感情は、時代とともに変遷することを免かれないのであるから、ある時代に残虐な刑罰でないとされたものが、後の時代に反対に判断されることも在りうることである。したがって、国家の文化が高度に発達して正義と秩序を基調とする平和的社会が実現し、公共の福祉のために死刑の威嚇による犯罪の防止を必要と感じない時代に達したならば、死刑もまた残虐な刑罰として国民感情により否定されるに違いない。かかる場合には、憲法第三一条の解釈もおのずから制限されて、死刑は残虐な刑罰として憲法に違反するものとして、排除されることもあろう。しかし、今日はまだこのような時期に達したものとはいうことができない。

井上裁判官はさらに、島保裁判官ら三人の補充意見を「何と云っても死刑はいやなものに相違ない、一日も早くこんなものを必要としない時代が来ればいい」という思想、ないしは感情があるのであろうと推察したうえで「この感情に於て私も決して人後に落ちるとは思はない。しかし憲法は絶対に死刑を許さぬ趣旨ではないと云う丈けで固より死刑の存置を命じて居るものでないことは勿論だから若し死刑を必要としない、若しくは国民全体の感情が死刑を忍び得ないと云う様な時が来れば国会は進んで死刑の条文を廃止するであろうし又条文は残つて居ても事実上裁判官が死刑を選択しないであろう。今でも誰れも好んで死刑を言渡すものはないのが実状だから」としている。

これが昭和二三年、すなわち七一年前の、複数の法律実務家による所見である。井上裁判官たちは、憲法第三六条の「残虐な刑罰」は相対的なものである、としているのだ。

将来において「死刑の威嚇による犯罪の防止を必要と感じない時代に達したならば」国民感情が死刑を歓迎しないかぎりで、国会は進んで死刑の条文を廃止するはずだと。詳しい数字は後述するが、犯罪の相対的な低減によっても、しかし国民感情はほとんど変わっていない。懸命な読者諸賢におかれては、すでに気づいているであろう「現代多数の文化国家におけると同様に、刑罰として死刑の存置を想定し、これを是認したもの」という評価も、先進国の大半が死刑を廃止・停止した現在では、まさに過去のものと言わざるを得ない。

この最高裁判決の裏側には、政治的な事情もあった。それも戦後のわが国の存立を左右する、国際政治という事情である。すなわち極東国際軍事裁判が、最終的な局面を迎えていたのだ。昭和二三年の一一月、東条英機らA級戦犯七名が死刑判決を受け、巣鴨プリズンで絞首刑となっている。そのような時期に、日本の最高裁が国際軍事法廷に先立って「死刑は違憲である」などという判決を出すわけにはいかなかった。したがってこの判決は、政治的な評価を受けざるを得ない。

死刑をめぐる作品——文学は死刑をどのようにとらえ、いかに人間の苦悩を描いてきたか③

ヴィクトル・ユーゴー『死刑囚最後の日』（豊島与志雄訳、岩波文庫）

邦訳の初版は一九五〇年一月二〇日とある。この時期、わたしは戦後の新制中学生であった。本書の存在は後に知ったが読んでいない。つい最近、刑事事件を受任していた無罪主張の被告人が、最高裁へ上告した直後に本書を東京拘置所から送付してくれた。同君は読書が唯一の趣味だと語っていた。

同君は、読後にラベルをあちこち貼っていた。筆者は本書に接し、その日から、三日かけて読了した。本書は最終的には死刑廃止のための著書だ、と訳者は述べている。われわれの仲間全員が読むべき著者の遺言でもあると思う。

初版は一九五〇年であるが、改訂版が一九八二年とあり、二〇二二年現在六七版とある。翻訳者は、ロシア文学書翻訳で著名な豊島氏であるが、同氏は改訂版にさほどの手を加えていないと述べている。

われわれが手にする本書は、ユーゴーの身代わりとして訳者が日本語にはない、いわば当て字で本文を満たしている。その意味では、この翻訳者あっての本書でもあると言える。

ユーゴーは訳者豊島氏によると、本来は詩人であり著名な作品（詩集や戯曲）もあるが、彼が本書執筆を完了したのは一八三二年とあり、今からほぼ一九〇年ばかり前である。著者は詩人としての感性から、国家が殺人を犯すことに異常な反発を抱きながらも、当初は実名で出版することに躊躇し、著者名なしで出版している。ところが読者の反響が強く、新たに実名で序言をつけて出版し、「死刑廃止」のための出版であると宣言した。

出版当時、フランスの読者からはギロチン処刑の残虐さを読み「イギリスでもアメリカの処刑だ」と自国での処刑であることを排除した。ユーゴーは「本書は、イギリスでもアメリカでも中国でもロシアでもない。わたしには、観念をそう遠くに求める習性はない」と一笑している。

しかし現在のフランスにはギロチンは博物館で見るだけであり、死刑そのものがない。日本にはギロチンはないが絞首刑がある。どんな処刑手段であろうとも国家が犯罪者を殺していることに変わりはない。

当時のフランス刑事手続きでは、裁判官が死刑判決を下した後は上告まで数日の経過後、破毀院に回付され、大臣から検事長、死刑執行人へと機械的に回付される（全部で六週間）。以下、本書の中身に入ろう。

弁護士は判決の日、自分の席に着くと微笑を浮かべて被告の方を覗き込んだ。「うまくいくだろう。終身刑だ」と言った。私は、「終身刑なら死刑のほうがましだ」と叫びたかったが、声にならなかった。

裁判官は、弁護人に「刑の適応に何か言うことがあるか」と問うた。弁護人は被告が殺人に直接関与していないことを主張し、検事長はそれに反論したようだ。

裁判官は、その日のうちに死刑判決を読みあげた。死刑確定後、典獄（拘置所所長）が「私」を訪ねてきた。「何かして欲しいことはあるか」など健康のことをたずねた。獄史（看守）らは「私」が彼らを恨んでいないことを知っている。やがて司祭（教悔師ではない）が来た。「用意はしていますか」。私は弱い声で「用意はしていませんが、覚悟はしています」。

次に執達吏（執行人）が来た。典獄は司祭と話をしていた。執達吏が「三〇分ほど後に迎えにまいります」と言って全員が出ていった。典獄、司祭、執達吏、みんないい人だ。私的生活では、法官も検察官も司教もよき父であり夫である。しかし、彼らは人を殺すことで生活している。人を殺めた自分が、これらの人に人殺しをさせている。

古今東西を問わず、今も昔も変わらず「死刑になる人」に変わりはない。ユーゴーは自らを死刑囚の身と仮定し、拘置所で接見した死刑囚たちと語るなかで、彼らがどんな経緯から死刑判決を受けたかを体現する作業を続けたと思われる。

事例（要旨）「六歳の年に俺には親父も母親もなかった。夏には、路傍の塵のなかに逆立ちして駅馬車から小銭を投げてもらった。冬にははだしで雪のなかを歩き、まっ赤になった手に息を吐きかけた。一七のときは、りっぱな泥ちゃんだ。店をやぶり錠をねじあげ捕まった。徒刑所（旧刑法で重罪者を収容）で一日一六時間働き一五年で一六フランもらった。そのとき三三歳になっていた。出所後、腹が減ってパン屋の窓を破り、ひときれのパンを盗み捕まった。累犯で終身刑となり、脱走して人を殺し死刑囚となった」。

著者曰く、われわれ被告は真剣に質問し、回答を求める。その相手は饒舌な文学者ではなく、刑法学者宛てだ。問題は三つある。

第1　死刑存置を主張する人は、社会共同体から将来も害となりうる一員を排除することが必要であると言う。しかし仮にそれだけであれば、終身刑で足りる。

第2　社会は犯罪行為に対し、復讐しなくてはならない。しかし復讐のために刑罰があるわけではない。改善のためにある。刑法学者が慣用を変えるなら、われわれは同意する。

第3　犯罪人がいかなる目にあうかを示して同様の心を示す人を恐れなくてはならない。しかし、刑罰を示して初期の効果を生じることを否定する。刑罰は民衆の道徳を退廃させるだけだ。

ほぼ二〇〇年前のフランス文学者の問題提起ではあるが、日本の刑法学会で占める理論と表現は異なるとはいえ、基本的に大差はない。

死刑になる不幸な人々は、空腹から窃盗をするようになり、累犯から強制労働所に収容され、最後に死刑台に至るのだ。ある人は、この世に親も親戚もいない人であり、彼らは教育どころか、心の相談や世話も受けていない。彼の罪はその運命にあって、彼にはない。つまりは無辜の者を殺していることになる。もしも死刑が犯罪威嚇力となるなら、耳切り、四ツ裂き、生き埋め、など多種の刑罰を復帰させればよい。そして死刑は家族刑（本人のみならず、親や身内など、本人以外の家族も被害者となる）でもある。

ユーゴーは語る。「かわいそうな娘よ！　お前の父だよ。お前の白い小さな首にいつも接吻していた。お前を膝のうえに乗せ転んだりしていた。そういうことを、今後だれがしてくれるか。ただお前だけには父がいない」。

処刑の数時間前、その娘が面会に来た。最後にこの子を見たのは二歳と一カ月であった。「私は、むせび泣きのこみあげてくる胸に激しく彼女を抱きしめた。彼女は『苦しい。おじいちゃま！』私は言った『マリー、お前のパパは、私だよ』。彼女は言った、『私のパパはあの世に行ってしまった』と」。

ユーゴーは語る。「正月に、お年玉や玩具などを、お前はどうしてなくてもすませるようになるのか、不幸な孤児になるかしら。陪審員らがせめて三歳の子どもを見たなら、殺してはいけないと了解したろうに」。

後半の「序」は、著者が実名で書いたもので、匿名での前半は、一人の夢想家が心にあるものを、一冊の書物として投げかけたものだと言っている。

訳者豊島氏は、本書は小説と論説の中間をいくものだと述べているが、哲学者でありロマンチックな詩人であったユーゴーの感性からは、超えなくてはならない課題であったと思われる。

序とはいえ、実に本書の三三頁分を割いて「死刑廃止論」を後世のために執拗とも思える「叫び」として埋めている。根底にあるのは有罪、無罪を問わず、あらゆる被告の名において、本書は司法界全般に対し「血に対する悪」に「断腸の思いをさせる」ための著である。

フランスでは、一八三〇年の七月革命において、条件付にしても「生命の不可侵性」を法律に定めている。世界人権宣言が「生命の不可侵」に触れたのは一九四八年である。本書はこの理念を先んじて取り入れている。著者は後半において、死刑が廃止されている国では重罪の犯罪が減少していることを紹介している。二〇〇年前のことだ。

いま日本は、死刑存置国でありながら、重罪犯罪は人口比から世界一少ない安全な国なのだ。

「何たる罪を私は社会に犯させようとしているのか」。この言葉は、死刑囚による嘆きである。筆者は、これほど心を抉る言葉を知らない。本書は、死刑存置論者、廃止論者を問わず、日本人すべての人の必読書であろう。

第五章　死刑に犯罪抑止力はあるのか

犯罪は減っている

罰則をもって犯罪の抑止力にする。これはもともと法の基盤ではある。しかるに、死刑をもって抑止力にする前近代と、われわれはそろそろ訣別するべきではないか。

そして問題なのは、死刑制度に犯罪抑止効果があるかどうかである。これについては、死刑存置社会と死刑廃止社会のデータをもって論じる方が正確であろう。次頁に挙げたのは一九四九年に死刑を廃止した西ドイツの統計である。各国の統計によれば、必ずしも同様の傾向があるわけではないが、とりあえず史実として示しておこう。

死刑が犯罪抑止になるという理論は成り立っても、現実のデータでは裏付けられていないのだ。こうしてみると、やはり死刑制度は犯罪防止よりも、被害者感情を癒すためにあると言えるのかもしれない。

それでは本当に死刑は、被害者遺族の感情を癒すのだろうか。死刑存置論の大半は、加害者に対する

州	死刑廃止前の月平均	廃止後の月平均
ウエストファーレン州	9.08	5.83
バヴァリア州	16.40	9.83
低ザクセン州	17.10	8.16
ヘッセン州	4.12	1.79
ヴェルテンベルグ - バーデン州	5.83	2.95
ライン - ファルツ州	3.33	3.00
シェレースヴィッヒ - ホルスタイン州	3.83	2.12
ハンブルグ州	1.13	0.52
バーデン州	1.88	3.95
ヴレーメン州	0.63	0.29
西ベルリン州	2.25	2.05

死刑廃止前後の犯罪件数
アルベール・カミュ『ギロチン』より

年次	未遂を含む殺人認知数（件）	被害者（死亡）数	死刑確定数
2007	1199	574	23
2008	1301	654	10
2009	1095	506	17
2010	1068	465	9
2011	1052	442	23
2012	1032	429	9
2013	938	370	8
2014	1054	395	6
2015	933	363	4
2016	895	362	3

殺人事件と死刑確定の推移
警察庁「犯罪情勢」（アムネスティー・インターナショナル日本）より

被害者（遺族）感情を根拠にしている。曰く「自分の子どもが殺されたなら、犯人を死刑にしたいと思うはずだ」と。わたしもそう思うが、思いは遂げられそうにない。なぜならば、実際に死刑執行によって被害者遺族の感情が癒されるのは、二・五パーセントにすぎないからである。

九七・五パーセントの犯罪被害者遺族は、加害者の死刑を望んでも、その思いはかなわないのである。右頁の表をご覧いただきたい。殺人未遂を含む殺人事件の認知数は、一〇年間で一万五六七件起きている。このうち死亡した被害者数は四五六〇人である。これに反し、死刑が確定した加害者は一一二人にすぎない。四四四八遺族が無念の思いを抱いているのに、死刑制度はその無念の思いを晴らさせていないのだ。したがって、被害者遺族の感情に思いをはせる死刑存置論が目指す社会とは、年間数百人の死刑を執行しなければならない、まことに血なまぐさい社会ということになってしまう。

では、どうすれば被害者遺族の感情を癒せるだろうか。精神の救済とともに、社会の平安はどのようにすればよいのか。

死刑廃止論争のなかで詳しく触れるつもりだが、終身刑の導入による以外にないと、わたしは確信している。それも単なる終身刑ではない。終身の懲役労働による労働対価をもって、被害者への賠償金とするのである。刑務所労役の対価が、必ずしも充分な賠償金になるとは限らないが、日本が労働力不足であるのは事実だ。そこで、刑務所内での労役の対価を計算してみよう。現在の懲役労働にも、わずかながら報奨制度がある。賞与金と呼ばれるものだ。

仮に一等級の受刑者として、一日八時間労働で週に四〇時間と定められた刑務作業で、月額五九九四円となる。同じ等級でも半年無事故ならば、二割ほど時給が上がる。等級が上がるにつれて、時給も上昇するのだ。とはいえ、刑務所内はふとしたことから、受刑者同士が揉めることが多い。そんなトラブルが付きものなので、厳格な規則のなかで一等級になるには、数年の歳月が必要だと言われている。

刑務作業の一人当たりの収入は、年間でおよそ七万一八〇八円である。刑務所内の労役の事業総体としては、刑務所と民間業者の契約で、刑務作業の売り上げは総額四〇億円（法務省平成二七年発表）となっている。かつては一〇〇億円近い収益をあげていたが、やはり不況のために受注量が落ちているという。収益は国庫に入る。

その仕組みは具体的に、どうなっているのだろうか。法務局（刑務所）は業者と保険会社を担保して契約し、製品はキャピック（Correctional Association Industry Cooperation［財団法人矯正協会刑務作業事業部］）が行なう矯正展でも販売されている。この矯正展は全国のスーパーや公共施設でも頻繁に開かれている。製品は木工による伝統工芸品がとくに好評で、ほかに金属加工・印刷・洋裁・皮革加工品・農業を刑務作業にしている刑務所もある。

さてこの事業として成立している刑務作業の収益を、犯罪被害者およびその遺族への賠償金にすることは、理にかなっているはずだ。現状では、犯罪被害者およびその遺族は。民事訴訟で犯人側に損害賠償金を請求するしか方法がない。交通事故での損害賠償が一般的だが、任意保険というバックボーンがあるからだ。刑事犯罪の場合は、犯人が実刑を受けてしまえば、刑務作業での年収数万円しか賠償に充てるものがない。死刑囚も懲役労働を希望すれば可能だが、処刑されてしまえばそれまでだ。

そこで考えられるのが、死刑制度を廃して仮釈放なしの終身刑の導入なのである。懲役囚（加害者）の刑務作業を、賠償金に充てるというものだ。終身刑については死刑廃止運動での議論、国会における議論を含めて後述したい。

殺人は衝動である

死刑の威嚇的効果という文脈が、前章の末尾に現れた。死刑存置の大きな論拠として挙げられるのが、死刑による犯罪の抑止効果である。死刑があるから、人々は犯罪をためらうはずだ。死刑になることを怖れて、人々は犯罪の前で自制する。だが、本当にそうなのだろうか。

人が殺人を犯す場合、おおむね二つの類型に分けられる。ひとつは激情にかられて、突発的に人を殺してしまうケースだ。もうひとつは計画的に実行する、冷徹な殺人である。サイコパスといって、冷静沈着に犯行を行ない、殺人時のフラッシュバックに襲われない精神病理もあるという。ふつう、殺人者は良心の呵責に耐えかねて自白するか、深刻な悔恨に支配されるものだ。

まず、前者の激情的な殺人について考えてみよう。ついカッとなって殺してしまう、あるいは殴り合いになって殺す。この殺人者は冷静沈着に、自分の行為が重罪につながるとは、少なくともその時には考えていないであろう。このような激情犯に、死刑制度は抑止力たりえない。逆に言えば、刑罰や死刑制度があっても自制できない人間が、殺人を犯すのだ。

計画的な殺人者にいたっては、犯行が発覚しない方法を用意周到に考えるものだ。彼にとって死刑は何の抑止力にもならない。目的が保険金殺人であれ復讐であれ、最初から殺人は計画として組み込まれているのだから、首尾よく目的を達するために犯行の隠ぺいや証拠隠滅、あるいはアリバイづくりを通して、死刑につながる犯行の発覚を怖れるだけであろう。そしてこの種の殺人者においては、むしろ犯行を隠蔽するため、第二第三の殺人を犯す可能性が高い。なぜならば、死刑にならないために冷静な判断力を維持しているからだ。この場合、死刑が重犯を誘発しているとはいえまいか。

死刑が凶悪犯罪を引き起こす

前述した激情犯や計画犯、あるいはサイコパスではない、新しいタイプの殺人者たちが世情を騒がせている。これは本書冒頭にも述べたが、あえてくり返そう。

激情的な犯罪の範疇に入る突発的な殺人で、犯行動機が明確ではない殺人事件がふえている。人生への絶望であろうか、生きていることがイヤになったという、殺人者の不条理な犯行である。白昼堂々と、通行人を襲う殺人者たち――。

「人を殺して、自分も死にたかった」、「誰でもいいから、人を殺したかった」と彼ら、彼女らは言う。みずから「死にたい」と言うのだ。衣食住における成長経済が終わり、階層的な閉塞感のある時代。社会全体が目的を見失った感のあるわが国において、こうした犯罪には理由がないではない。生きる目的を喪失したとき、人間は死に捌け口を求めるしかないのかもしれない。自殺願望のもっとも危険な表象の仕方だと、われわれはこれらの犯罪を理解せざるを得ない。

このうち「死刑になりたかった」と語る殺人者は、死刑制度によって、死刑が誘発する殺人を犯したのだ。そう、死刑制度がなければ、彼は殺人に踏みきらなかった可能性が高い。死刑の存在が殺人を誘発するとしたら、このような「死にたい」人間を国家が請け負う存在であってもいいのか。

複数殺人については、三菱銀行強盗殺人監禁事件の梅川照美が率直なところを語っている。「捕まったら死刑や、何人殺しても同じ」だと、死刑制度が次の殺人を誘発したのを告白している。これを犯罪学者は「拡大自殺」と呼んでいる。自殺者が他人をまき込んで自殺するという意味である。ここから先は、死刑になる犯罪の実態に即して、死刑制度の持っている闇に分け入ってみたい。

先に挙げた一三種の死刑相当犯罪のうち、われわれ一般市民が明日にでも犯すかもしれない可能性があるのは殺人、強盗殺人、現住建造物放火であろう。強盗に入って住人に発見されて、咄嗟に殺してしまうのが強盗殺人である。強盗をするつもりがないまま、他人の住居に窃盗目的で入ってしまった犯人が、住民の抵抗を受けて強盗になることもある。これをやってしまったら死刑になるという冷静な思考は、そこでは思い浮かばないことだろう。現住建造物放火の場合は、もっと軽い気持ちでやってしまう。いくつか事例を挙げておこう。

大阪パチンコ店放火事件

二〇〇九年七月五日、大阪市此花区の阪神なんば線千鳥橋駅近くの繁華街のパチンコ店が放火された事件では店内がほぼ全焼し、焼け跡から客の女性二人と男性一人、従業員の女性の計四人が焼死体で発見された。他にも一九人が重軽傷を負う事態となった一カ月後に重症の患者が死亡して死者は五人になった。

店員らの証言によるとガソリンをまいて火を付けて逃げた不審な男がいたということで、大阪府警は現住建造物等放火・殺人・殺人未遂容疑で捜査を開始。事件の翌日に山口県警岩国警察署に男が出頭して犯行を自供し、逮捕となった。男は消費者金融などからの借入れが約二〇〇万円あり、その返済をすることができず、人生に嫌気がさして事件を起こしたと動機を語っている。

裁判では男の刑事責任能力（統合失調症、妄想をともなう心神耗弱状態）および死刑の違憲性が争われたが、裁判所は責任能力を認定し、死刑を合憲として死刑判決を下した。

浪速区個室ビデオ店放火事件

二〇〇八年一〇月一日の深夜、大阪市浪速区難波の個室ビデオ店から出火。同店には三二室の個室があり、出火当時は二六人の客と三人の店員がいた。一五人が一酸化炭素中毒で死亡し、一〇人が重軽傷を負った。二週間後に意識不明の重体だった男性客が入院先の病院で死亡し、事件による死者は計一六人となっている。

当初はタバコによる失火と見られていたが、同日午後になって火元の個室を使用していた東大阪市在住の当時四六歳の男が現住建造物等放火などの容疑で逮捕された。男は会社をリストラされた後、無職で定職もなく生活保護を受けていた。事件の後に消費者金融から多額の借金があることも判明した。

公判において、男はビデオ店で他人の物音を聞いているうちに「自分の人生とは何なのか」と思うようになり、生きていくのが嫌になったという。その結果、ライターで店内のティッシュペーパーに火を付け、持ってきたキャリーバッグの荷物（新聞紙や衣服が入っていた）などに燃え移らせた、という旨の供述をしていることが明らかになっている。

この事件における殺害人数一六人は、戦後日本における死刑囚としてはオウム真理教事件の死刑囚ら、連合赤軍事件の坂口弘に次ぎ、単独犯では相模原障害者施設殺傷事件に次ぐ最悪の数字である。裁判では「火を付けていない」と主張したが、死刑判決が下りた。弁護人から出火したのは別の部屋だとする新証拠なども出されたが、再審請求も却下されている。

いずれも、「借金のために人生に投げやりになった」犯行とされている。放火の場合はそれほどの重大な決意がなくとも、実行してしまう犯罪なのである。もうひとつ、女性の放火犯にも触れておこう。現住建造物放火というものが、じつに身近で労力の要らない犯罪であることがわかる。

北浦和量販店放火事件

二〇〇四年一二月、埼玉県さいたま市緑区にあるドン・キホーテ浦和花月店の寝具売場で放火事件が発生し、店舗が全焼した。一度は店内から脱出した三人のアルバイト店員が、来店客が逃げ遅れていないかを確認するために店にもどり、店内から再脱出できず焼死した。まことに瞑目するしかない。

犯人は四〇歳代の元看護師（女）だった。この女は何度も万引きをくり返し、窃盗容疑で別件逮捕された。精神疾患での通院歴があったことから、裁判では刑事責任能力が審理されたが、さいたま地裁は女の責任能力を認めて無期懲役の判決となった。別途、ドン・キホーテ店舗の「圧縮陳列」つまり通路スペースの狭さが問題になったが、ここでは本題ではないので深くは触れない。

まずここで問題になるのは、大阪パチンコ店放火事件と北浦和事件の量刑の差異であろう。なるほど大阪事件は、事後を含めて五人が死んでいる。かたや北浦和事件では三人が死んだ。五人を殺せば死刑で、三人ならば無期懲役なのだろうか――。

大阪パチンコ店放火の犯人は初犯であり、犯行後に出頭し自供している。北浦和の放火犯は三名が焼死した事件を前後して、じつに七回もの店舗放火をくり返している。死者を出した放火の三日後、他のドン・キホーテ店舗を放火したのちに八〇〇円の買い物篭を万引きして捜査線上に浮上したのだ。

しかも重要参考人として捜査されたときには自宅駐車場に立てこもり、取り調べに対しては否認をつづけた。女の逮捕後に模倣犯が二件つづき、事件の社会的影響はきわめて大きかった。ふたつの判決に瑕疵はなかったのだろうか。どのように焼けるかまではわからないし、火を付けるときに何人が死ぬかは想像できない。ふたつの事件を分けたものがあるとしたら、予期できぬ火のまわりということになる。

浪速区個室ビデオ店放火事件では一六人の死者が出ているが、被害者の出た個室エリアへの出入り口が一カ所しかなかった。あるいは狭い通路にダンボールが積まれ、スプリンクラーが設置されていなかった。さらには火災報知器のベルが鳴ったにもかかわらず、管理者がタバコの煙による誤作動と思い込んでベルを止めてしまったなど、店舗自体の問題点が指摘されている。しかしこれらの問題について、大阪府警は店側や管理会社の業務上過失致死傷罪での立件を断念している。

それればかりではない。被告は一審裁判で供述をひるがえし、他の個室から出火したと無罪を主張したのである。弁護団は別室が火元であるとする新証拠をもとに、再審を請求したが棄却となった。冤罪性の高い事件だといえよう。

死刑に関しては永山則夫の連続殺人事件（四人射殺）を基準として、二人以上なら死刑も止むをえない、というものがある（一九八三年最高裁）。いったん執行されれば生命を奪う死刑、一〇年で仮釈放の可能性が生まれる無期懲役との深い溝を考えると、われわれは判決の前で立ち止まらざるをえない。

死刑になる責任能力とは何か？

ところで右に挙げた事例で、犯人たちは心神喪失、あるいは精神疾患を訴えている。いずれも精神鑑定の結果、刑事責任能力があるとの判決だった。

死刑になった麻原彰晃について、日本弁護士会の人権委員会から「心神喪失が疑われる死刑確定者の死刑執行停止を求める人権救済申立」が出ていたとおり、心神喪失（精神異常）者は刑事責任能力を有しないとされている。

日本の刑法は、責任主義が原則になっている。つまり、判断力のある者にしか責任能力を認めないのだ。精神障害者の犯罪行為は有責性がないので、刑を科すことができない。そして有責者においては、犯罪の責任の量に応じて罰金・禁固・懲役と量刑が裁判所において審理される。懲役刑でも執行猶予が与えられる場合もあれば、実刑となる場合もある。いずれも量刑作業によって、ある程度は経験的に判断されるはずだ。判例にある量刑を参考にする裁判官もあるだろう。

ところが死刑に関しては「被告人の罪責の重さは計り知れない」という表現がしばしば使われる。「計り知れない」から「死刑に処するのもやむをえない」と判決理由はむすばれる。そう、責任が計り知れないから、計測不可能だから死刑にするというのだ。

それでは、責任の量を「計ることができる」有期刑相当と「計ることのできない」死刑との区分は何なのか。現実的に区分するのは不可能であろう。「計ることができない」根拠を、合理的に論証できる裁判官はいない。なぜならば「計り知れない」というのは、量刑相場を経験と常識で「計り出す」作業の放棄であるからだ。死刑判決の闇の深さがここにある。

刑法学者の木村亀二《かめじ》は、一九二〇年代のイギリス社会では殺人犯の約半数が「精神異常者」であることと、精神異常者収容所に収容されている六一・二パーセントが殺人者であったことから、精神異常者に死刑をもって威嚇しても意味がないと主張している（『死刑論』四七頁）。

実際には、犯罪は増えていない

前章において、われわれは昭和二三年の最高裁判所判決の補足意見として、「犯罪の防止を必要と感じない時代に達したならば、死刑もまた残虐な刑罰として国民感情により否定されるに違いない」という、死刑を相対化する裁判官たちの見解をみてきた。

事件報道を含むワイド番組が終日を占めるほど、マスメディアでは事件報道の視聴率が高いという。ショー化された番組空間のなかでは、凶悪犯罪が増えているとされているが、それは本当なのだろうか。ワイドショー化した夕方の報道番組では、くり返し犯罪ニュースが特番として組まれている。警察の捜査をドキュメンタリーとして定番化している局もある。

だが、実は犯罪は減少傾向にあるのだ。それも警察の捜査にかかわる数値化（認知化）されたものだけでも減少している。というのも、わたしたち戦中派世代の少年時代には、繁華街に遊びに出ると、必ずといっていいほど流血事件に遭遇したものだが、翌日の新聞に事件が載ったことはなかった。目を皿にして見ても、警察が出動する大きな事件以外はなかったかのように、小さな事件は報じられなかったものだ。猥雑な大都市は小さな事件を呑み込んでいるように、悪い意味でだが、大らかさを持っていた。

わずかな事件でも新聞をにぎわせる社会は、幸福なのだとわたしは思う。その反面、小さな犯罪を大声でわめき立てながら指弾する社会を、わたしは恐ろしいと感じることも少なくない。凶悪な犯罪者を排斥するためには、強権発動もやむなしという論調に、危険なものを感じるのである。

具体的に数字をみておこう。あくまでも警察当局が把握した数値としての犯罪認知件数だが、戦前から戦後の推移を左に挙げておく。

年次	日本の人口	刑事犯罪件数
1926	60,741,000	710,981
1934	68,309,000	1,550,645
1945	72,147,000	708,809
1948	80,002,000	1,599,968
1961	94,287,000	1,400,915
1970	104,665,000	1,279,787
1980	117,902,000	1,357,461
1990	123,611,000	1,636,628
2000	126,926,000	2,443,470
2007	127,771,000	1,908,036
2014	127,237,000	1,762,912
2017	126,706,000	1,368,355

犯罪件数の推移

こうしてみると、日本の人口は戦前から倍増し、戦後の国力はそのまま人口比であるかに思える。だからこそ、やや減少に反転したとはいえ高度成長期よりも人口が増えている現在が、なぜ経済や社会の停滞を感じさせるのか。社会の病理を切開する意味がここにあるといえよう。

さて、犯罪の増減である。一九三〇年代の犯罪増加は、そのまま世界大恐慌による社会のパニック、貧困と混乱によるものといえるだろう。この時期、アメリカではマフィア犯罪が取り締まられ、あるいはドイツやイタリアのようにファシズムをもたらす社会対立、暴力的な政治抗争が吹き荒れていた。冷静な国民性の日本においても、生き延びるための犯罪があったのであろう。

一九四五年、終戦の年には犯罪どころではなくなっていたのだと思われる。四八年には食って生き延びるためのエネルギーが爆発したかのごとく、犯罪件数の増加が目立っている。これはあとで、強盗事犯の推移と併せてみていきたい。

一九六〇年代から八〇年代にかけて、実際には犯罪件数はもっと多かったと、わたしは考えている。この数値は一般刑事犯罪（認知件数）のみなので公安事犯は除外してあるが、それでも暴走族やヤクザ抗争はこの数字に正確に反映されていないのではないだろうか。高度成長期こそ、日本人の行動がもっとも熱かった時代である。

二〇〇〇年の二四四万件という数字には、正直びっくりした。このあたりが日本社会の犯罪件数の実態ではあるまいか。それでも、二〇一七年までの数値をみればわかるとおり、犯罪は減少している。

殺人事件と強盗事件にしぼって、犯罪件数の推移を眺めてみよう（一四七頁の表参照）。

やはり一九四八（昭和二三）年は強盗事件も多かったようだ。強盗事件は経済的困窮のバロメーターみたいなものだから増減も激しい。殺人事犯は全体に減少が見てとれる。とりたてて、日本社会が凶悪化しているわけではないのだ。殺人事件の数は、確実に減少してきている。

平成二三年度の犯罪白書によると、再犯者（道路交通法違反を除く犯罪検挙者）は一三万七六一四人（前年比二・〇パーセント減）、再犯者率（検挙人員に占める再犯者の比率）は平成九年から上昇し続け、四二・七パーセント（〇・五ポイント上昇）だったとしている。

じつに一四万人が再犯者であり、全検挙者（二〇万〜三〇万を推移）の半数におよぶというのである。

そこで厳罰化の流れがつくられてきた。とりわけ、裁判員裁判制度の導入とともに、その傾向は顕著になっている。

裁判員制度が厳罰化の流れをつくったこの傾向は看過できないので、裁判員裁判制度三年目の記事から拾ってみたい。二〇一二年五月に最高裁が公表した資料によると、プロの裁判官のみの裁判よりも裁判員が参加した判決が厳罰化の傾向にあるという。

この資料は重刑裁判について、すなわち殺人・傷害致死・強姦致傷・強盗傷害など八つの罪を対象に、三カ年に下された判決から「裁判官裁判（二七五七件）」、「裁判員裁判（二八八四件）」の双方を比較したものである。

強姦致傷事件では、裁判官裁判（二〇一件）は懲役三～五年が七二件で三五パーセントともっとも多く、裁判員裁判（一九八件）は懲役五～七年が六〇件で三〇パーセントともっとも多かったという。つまり、裁判員裁判のほうが懲役で二年ほど長くなってしまっているのだ。傷害致傷事件と強盗傷害事件でも同じ傾向が認められた。

逆に現住建造物等放火事件では、裁判員裁判のほうが執行猶予が付く割合が多かったという。無罪率については、裁判官裁判も裁判員裁判もほとんど同じだった。

この傾向は、犯罪被害者感情をより身近に感じる民間人である裁判員制度の方が、より厳罰化に傾くことが、いわば事前の危惧どおり実証された形である。その意味では厳罰化は国民的なコン

年次	殺人事件	強盗事件
1948	2,495	10,854
1954	3,081	5,798
1960	2,648	5,198
1970	1,986	2,689
1980	1,684	2,208
1990	1,238	1,653
2000	1,391	5,173
2007	1,199	4,507
2014	1,054	3,056
2017	920	1,852

殺人事件・強盗事件の推移

センサスのもとに進んでいると言えるのかもしれない。

厳罰化の傾向は、死刑判決の増加にも見てとれる。殺人罪の認知件数は二〇〇四年以降、毎年減少しているが、死刑判決は一九九九〜二〇〇三年の五年間で二〇人だったのに対して、二〇〇四〜二〇〇八年は七九人にのぼっている。

さらに、危険運転致死罪の創設、少年法の刑事罰対象年齢の一四歳以上への引き下げ、刑法・刑訴法の改正と、司法の変化はいちじるしかった。改正刑法では重大事件に対する有期懲役刑の上限が二〇年から三〇年へ、死刑相当の事犯については公訴時効を一五年から二五年に、殺人罪の下限が三年から五年に引き上げられた。

もうひとつの問題は再犯率が高くなっていることである。平成二四（二〇一二）年版の犯罪白書も刑法犯の認知件数は二一三万九七二五件と、〇三年以降九年連続で減少したという。その一方で、再犯率が過去最高の四三・八パーセントだったことが明らかになっているのだ。

問題はそれだけではない。犯罪件数そのものも含めてだが、六五歳以上の犯罪件数・再犯率が増加しているのだ。検挙者が各世代で減少しているなか、熟年層・高齢者の犯罪率が増加していることに、この社会の深刻な病理が胚胎していると考えざるを得ない。再犯どころか、再々犯、いや四度目五度目も珍しくないという。この要因として指摘したいことは、刑法第五七条に再犯加重がある。それは刑務所出所後の五年内に再犯した者は、再犯の刑に加えて最長二倍以下の刑期が加算される。初犯であれば実行も免れるような軽微な犯罪でも再犯者は実刑となり、その期間が長期化される。それにより現在の刑務所に入所する者の七割以上がこれら再犯者で占められているのだ。その大部分が六五歳以上の高齢者である。

刑務所を出ても仕事がないから、みずから望んで刑務所にもどる高齢者が少なくないのだ。再犯の背景には、そのような社会的要因がある。慣れてしまえば、刑務所ほど居心地が良い空間はないとも言えるのかもしれない。娑婆の風は寄る年波に厳しいが、馴染んだムショ仲間・刑務官の先生は深情けで接してくれる。そのせつなる想い、むべなるかな。

だが、それでは困るのだ。わたしが同世代だからこそ、このあたりの問題は当事者意識をもって書かせていただく所存である。自殺者数の横ばい的な高さ（年間三万人水準）とともに、実はここに日本社会のこれからが凝縮されていると考えるからだ。

かつて、熱狂的な空気がおおった高度経済成長の時期にも、われわれの世代はひと回り上、ないしは二世代上の熟練工、ベテラン職人たちの技術を吸収しながら、土建業やモノづくりに励んできたものだ。

いまも金属加工の町工場や土木現場では、経験のある職業人たちのワザが若い世代に伝承され、わが国唯一の資源である技術がそこに生きている。営業や経理、総務畑においても同じことは言えるはずだ。熟練とまでは言えなくとも、経験を積んだ人々に再登板の機会を与えない社会の病理は、みずからその社会が行く末を閉ざすことにほかならない。

犯罪者の受け入れも同様である。犯罪者が矯正できない社会は、社会そのものが病理を宿していると考えるしかないのだ。

死刑をめぐる作品——文学は死刑をどのようにとらえ、いかに人間の苦悩を描いてきたか④

レフ・ニコラエヴィチ・トルストイ『復活』（木村浩訳、新潮文庫）

『復活』は一八九五（明治三四）年、作家が七四歳の年に脱稿している。

わたしの手元には中央公論社版（『世界の文学』昭和三八年）がある。同書の巻末・解説（原卓也編）によると、本書の裁判・刑務所制度、死刑批判の記事が原因で、著者が宗務省から破門されたことを知った。

しかしわたしが新潮文庫（昭和五五年）を入手して、読みはじめて昼夜を問わず読み続けたのは、ロマンと言うには軽率ではあるが、公爵ネフリュードフとカチューシャの悲愴な恋物語であったからだ。しかもこの物語の素材は、トルストイの友人であり元検事（後に作家）が見聞したエピソードを、トルストイ伝を友人が執筆する際に話したものだ。

トルストイは自分の類似の経験も重なり、その友人に彼の素材を譲ってくれないかと手紙で依頼し、承諾を得て本書を執筆することとなった。ただトルストイは執筆に当たり、自分の経験として、「結婚の前に村の百姓女と関係していたこと」、「叔母の屋敷にいたガーシャという小間使を犯した」ことを友人に告白していた（上記二冊の解説を参照）。

また「カチューシャ可愛いや別れの悲しさ……」の曲がまさか『復活』のカチューシャであることもわたしは今まで知らなかった。

レフ・ニコラエヴィチ・トルストイ

男女の恋とはいえ、私生児の一人の女性が公爵である男（ネフリュードフ）と出会い、強姦同様の性交を受け、妊娠が発覚して公爵家から放り出される。その彼女が無実の罪でシベリア流刑となり、公爵は罪の意識に苦しみ、彼女との結婚を決意するも、けっきょく結ばれない。

事件は、売春宿の女経営者に指名されたカチューシャが、相手となった金持ちの商店主の男を殺害したとして四年の徒刑の有罪になったものだ。この事件は同伴していた仲間が、この男を眠らせて金銭を奪おうとし、カチューシャは毒薬を睡眠薬と偽り店主に飲ませ、毒殺したのであった。

刑事裁判で陪審員であったネフリュードフは、初日の法廷で刑事被告人として出廷したカチューシャを、一〇年ぶりに見て驚愕した。しかし十数名の陪審員による審理中、彼は知らないふりをし、事件の詳細から彼女が無罪であることを知った。彼女のこれまでの生きざまから、ネフリュードフの一時的な欲情から身を崩し、ついに売春婦となっていたことを知った。すべて自分の責任であり、このさき生涯をかけて、彼女のため余生を捧げる決意をしたのであった。

カチューシャは睡眠薬で相手を眠らせようとしたのであって、殺す意志はもちろんなかったが、殺人罪で起訴された。陪審員らは、被告は窃盗の意志もなく金品強奪への参加も否定した。当然ながらカチューシャは無罪であると判断し、殺人意志のなかったことを主張したのであるが、起訴状にある「殺人の意志」がないことを答申書に記載しなかった。そのため、有罪四年の徒刑（シベリア流刑）となったのだ。

ほぼ一三〇年前のロシアにおける刑務所の実態を、この著書から推察することにどれほどの意義があるかの指摘もあろうが、この時代においてロシアでは、現在の日本でもあり得ない進歩的処遇であったことが紹介されている。カチューシャの監房は奥行き六・五メートル、間口五メートル。窓が二つ。寝板が部屋の三分の一を占める。床に用弁桶がある。昼間は廊下に出て収容者らが自由に歓談できる。

酒やタバコは金さえあれば、許可を得て自由に同房らと飲んでいる。イカサマ賭博も、夫か妻かあるいは夫妻の共犯者をともに「夫妻監房」に収容している。さらに彼らに子どもがいれば、その子も両親とともに刑務所内で過ごすことができた。ただし、当時はすでに廃止されていた死刑がなお残っており、在監者が見物する報告もある。

ここでトルストイ（ネフリュードフ）が陪審員になる前の経歴を述べておこう。彼は、金持ちだけが勤務する連隊に入り、金をばらまき、酒、賭博、女のくり返しを体験している。これまで自分を縛っていた道徳的抑制から解放され、軍隊勤務に毒されていた時に、叔母の家で復活祭の夜、カチューシャという娘に出会った。彼は軍隊で上官の命令に服していれば幸せという組織に耐えられず、一八五七年に軍役を逃れヨーロッパを旅行した（二九歳）。気晴らしにイギリスやフランスへ旅した。その旅で彼は、どんな犠牲を払っても自分を拘束している虚偽を破ろうと決意したのである。

フランスで彼は死刑執行（ギロチン）の現場を目撃し、人間が人間の生命を合法的に殺すことに強烈な刺激を受け、死刑と戦争が国家権力による殺人であると考える。彼の「殺すなかれ」の哲学は、このギロチン目撃から生まれたものだ。

トルストイは、母親の死去後、残された資産の一部を相続したが、その相続のすべてを小作人らに無料譲渡した。そのため小作人の中には農作業をやめ、肉体労働ではなく実入りのよい商店を経営する者がいた。こうした経験から、トルストイは文明改革の信念に変わりはなくとも、莫大な資産所有者ではあった。

さて、ネフリュードフは、彼女が流刑者としてシベリアへ送られる長期の旅（およそ五〇〇〇キロの旅、二日を馬車や徒歩、一日をその地の刑務所や宿舎で休息）に同行する。最終的には彼の貴族の地位を利用し、皇帝に請願書を出しカチューシャへの特赦を勝ち取り、即時釈放を獲得したのであった。

彼は三カ月の旅の間に週二回はカチューシャと会っているが、カチューシャに会えても彼女は、仲間の刑事犯の悩みごとを彼に頼むことが多かった。彼も長期の旅の間の宿泊時に、その地方の刑務所を男爵として出入りし、知名度を高め、刑務所内での受刑者の相談に応じていた。

本書に書かれている「犯罪の予防、威嚇、矯正、合法的報復」はこの一〇〇年このかた言われてきたが、今違うことは鼻をそいだり、耳を切り落したりすることがなくなっただけである。

裁判所や官庁でふんぞりかえっている連中が巨額の報酬をもらい、役人たちが作った法律を犯した者を流刑や刑務所所長や看守の支配下におき、何百人も精神的・肉体的に滅びさせていると、ネフリュードフは嘆いている。

彼が「あなたと結婚する決意だ」と思い切って告白しても、カチューシャはそれを冷ややかに受けながしていた。彼女は移動の途中で、刑事犯でありながら政治犯グループ内の子どもらの手伝いをすることに、ネフリュードフの計らいでなっていた。

彼は貴族の地位を利用し、皇帝に請願書を出しカチューシャの特赦による即時釈放を得た。その知らせを早く彼女に知らせるため、政治犯の監房に向かった。事務室の扉が開いてカチューシャが入ってくる。彼は椅子から立って「特赦が出たことを知っていますか」と声をかけた。

彼女は、シモンソン（政治犯の流刑囚）について「彼の行くところへついて行くだけです」と言った。しかし彼女は「許してください」とも言って涙ぐんだ。人は自分の置かれた環境のなかで生きるしかないのだ。カチューシャはネフリュードフを愛していた。しかしその愛を自分に結びつけるなら、彼の一生をだいなしにしてしまう。シモンソンと立ち去れば彼を解放できると、自分に言い聞かせていたのだ。

トルストイは二歳で父親を亡くしている。その数年後に母親も亡くし、叔母の家に住んでいた。兄弟は姉を除いてみな亡くなった。

三四歳で宮廷医師の娘（一八歳）と結婚した。離婚まで数十年あるが、作家でもあった妻の意見で出版できない作品もあった。『復活』の執筆は実質四年ばかりであったが出版は脱稿後一四年を経ていた。トルストイはこの作品の三年前に妻と離婚し、貴族からも離脱し若い女性と再婚している。

彼はその後、未完成の『復活』を完成させようとメモを書いていた。再婚の三年後に逝去した後、そのメモが発見された。なぜ未完成だったのか、どのようにカチューシャとの結末を書くことで完結させる意図だったのか、われわれは知る由もない。

第六章　本当に日本人は死刑を求めているのか

感情論では死刑存置が当然だ

ここであらためて、わたしの死刑に関する考えを明らかにしておきたい。死刑制度をどう考えるか、読者諸賢と考え方をひとつにすることができないまでも、議論のステージをつくりたいと思ったのが、そもそも本書のモチーフである。

死刑の最大の問題点は、国家が人を殺すという人道に反する野蛮行為（憲法第三六条「残虐刑の禁止」違反）だからなのだが、犯罪の罰を受けるべきだとする応報論、犯罪抑止力としての目的刑論のそれぞれの立場から反論はあるだろう。それについては前章までに考えるところを提示してきた。応報に含まれる復讐は際限がないし、目的刑論はデータがしめすとおり、明確な根拠がない。

死刑制度の問題点は厳然たる事実として、誤まった裁判で処刑してしまうことだ。くり返される冤罪について、この章でふれたい。

もうひとつ、凶悪な犯罪を犯した者を終身刑として生かしておいて、被害者賠償や悔悟の生活をさせた方が刑罰の目的、すなわち犯罪応報と社会目的を達することが可能なのだ。残る問題は国民感情という、死刑制度存続の論拠である。

第一章の冒頭に、わたしは日本人の国民感情が死刑制度を存置させている根拠だと書いた。日本人の八割は死刑を肯定し、死刑制度は存続するべきだと考えているという。内閣府大臣官房広報室が行なった世論調査（対象一八二六人）があるので、具体的に数字をみていこう。

死刑制度の存廃について、「死刑もやむをえない」が八〇・三パーセント、「死刑は廃止すべき」が九・七パーセントである。「死刑もやむをえない」と答えた一四六七人に理由を問うたところ、「死刑を廃止すれば、被害を受けた人やその家族の気持ちがおさまらない」を挙げた者の割合が五三・四パーセントである。「凶悪な犯罪は命をもって償うべきだ」を挙げた者の割合が、五二・九パーセント等の順となっている（複数回答、上位二項目）。

「死刑は廃止すべき」と答えた一七八人に理由を問うたところ、「裁判に誤りがあったとき、死刑にしてしまうと取り返しがつかない」を挙げた者の割合が四六・六パーセントである。「生かしておいて罪の償いをさせた方がよい」を挙げた者の割合が四一・六パーセント。そして「国家であっても人を殺すことは許されない」を挙げた者の割合が三八・八パーセント。「人を殺すことは刑罰であっても人道に反し、野蛮である」を挙げた者の割合は三一・五パーセントであった。

新聞各社やテレビ局のアンケート調査などでも、おおむね同じ結果が出ているが、アンケートの設問には問題がないではない。たとえば一九八九年に行なわれた総理府の調査では「人殺しなどの凶悪な犯罪は増えていると思いますか？　減っていると思いますか？　同じようなものだと思いますか？」という質問の次に、「死刑という刑罰をなくしてしまうと悪質な犯罪が増えると思いますか？　別に増えるとは思いませんか？」と訊いてくるのだ。「人殺しなどの凶悪犯罪」を冒頭でテーマにしておいて「死刑という刑罰をなくしてもいいのか？」と訊いているようなものだ。そしてさらに「今の日本で、どんな場合でも死刑を廃止しようという意見にあなたは賛成ですか？　反対ですか？」　この三段論法的な質問は、明らかに誘導的である（この質問は、その後のアンケートでは削除された）。

このアンケートが行なわれた八九年は、幼児連続誘拐殺人事件や女子高生コンクリート詰め殺人事件など、世間を騒がせた凶悪事件が多発した年だった。

いずれにせよ単純なアンケートでは、八割の日本人が死刑制度の存続を望んでいるということは確かなようだ。この国民感情に照らして、死刑が憲法第三六条の「公務員による拷問及び残虐な刑罰は、絶対にこれを禁ずる」に該当しようとも、存置すべきだと政府は言うのだ。

だが本当に、国民の意見はそうなのだろうか。被害感情から犯人の死刑を望むのは、充分に理解できるところだ。最愛の家族を殺されて、加害者に復讐心を抱かない者はいない。わたしもその感情を、多くの国民とともに共有するひとりだと思う。

にもかかわらず、死刑制度の存置には反対する。ここに矛盾があるだろうか。もしも矛盾があるとしたら、感情と理性がもつ意識が違うものだからである。犯人を憎み殺したい感情とともに、わたしは死刑に反対する理性を持ち合わせたいと思うのだ。

どちらが本心なのかと問われれば、感情よりも理性に生きたいのだと答えるしかないであろう。感情に思考をゆだねる人々を、わたしは非難するつもりはない。できることならば、法律を熟知したうえで理性を羅針盤に、死刑の存廃を議論したいと願うばかりなのだ。

さて、問題は日本人が本当に死刑を支持しているのかどうか、である。国民感情の八割以上が死刑制度を支持するとして、法理を熟知した者たちの理性は死刑制度をどう考えているのだろうか。法律を熟知した層を対象に、わたしは独自のアンケートを行なってきた。アンケート対象は、感情を排して法律的な実務の経験、あるいは法理的な考察ができる人々である。

まず一九六九年に、明治大学法学部の刑事政策セミナーの学生に協力してもらったアンケートがある。そこでは、刑法学者四〇人、裁判官五四人、刑務官三四人の回答が得られた。死刑制度存置の回答をしたのは、裁判官の八〇パーセント、刑務官が七六パーセント、刑法学者は四五パーセントであった。死刑廃止に賛成と回答したのは、裁判官が一七パーセント、刑務官は二一パーセント、刑法学者は四八パーセントである。刑法学者においてのみ、死刑廃止の者が多数であった。

拮抗している死刑賛成派・反対派

一九八九年には、標本数二八九八人のアンケートを実施した。先に挙げた内閣府の調査数よりも一〇〇〇人以上多いが、回答者は一二一七人と半数以下だった。とくに裁判官の回答率が三〇〇人中五三人と少なく、立場がなさせる結果かもしれない。

アンケートの対象は、裁判官・検察官・刑務官・弁護士ともに三〇〇人。大学教員が刑事法専攻三三

職業	死刑制度に賛成（%）	反対（%）	わからない（%）
大学教員	31.9	64.5	3.6
専門が憲法	35.0	62.5	2.8
行政法・刑事法	41.7	55.2	3.1
裁判官	63.8	31.9	4.3
検察官	94.4	5.6	0
刑務官	96.2	3.8	0
弁護士	59.6	36.6	3.6
法務事務官	67.4	31.5	1.1
学生	45.1	40.7	14.0

法律研究者・法務関係者へのアンケート

四人、公法学専攻七〇五人。学生はわたしの講義内に行なったので、当然のことながら三五九人中一〇〇パーセントが回答した。そのときの講義は、参加者全員が「優」だったのは言うまでもない。

得られた回答者の構成は、裁判官五三人、検察官六七人、刑務官三二人、法律事務官一二〇人、弁護士二四六人、大学教員三四〇人、法学部学生三五九人である。刑務官は調査中に当局が「アンケートになるべく回答するな」という内部通達が配布された影響である。一九六九年のときは面接アンケートだったので一〇〇パーセントだったことを思うと、残念のきわみだ。アンケートの方法が回答率を左右し、ひいては調査内容にも影響が出るのはいたし方がないところかもしれない。

アンケートの結果は、死刑制度に賛成が六〇〇人（五〇・八パーセント）、反対が五〇三人であった（「わからない」が七七人）。以下、職業別の結果は上掲のとおりである。

検察官の九四・四パーセントはある意味で当然だと思われるが、反対の検察官がいることに注目したい。大学教員は憲法学者において、死刑が憲法違反であるとの見識を持っているとみていいだろう。弁護士の六割近くが死刑に賛成なのは意外に思われるかもしれないが、一九五三年の日弁連の調査で存置六一・七パーセント、東京弁護士会の八一年の調査でも存置六〇・四パーセントであるから、一定しているといえよう。

刑務官は六九年には賛成が七六パーセントにすぎなかったが、九六・二パーセントと高率であった。実務家への統制が利いているとの印象を抱く。裁判官の三一・九パーセント、法律事務官の三一・五パーセントが死刑に反対しているのは特筆していいだろう。学生は法律に意識が高い法学部であるから、ここが一般国民の法律の意識レベルを反映しているともいえる。事前に死刑制度の情報を与えた学生の場合は賛成が四二・四パーセント、情報を与えなかった学生は四七・八パーセントである。

こうしてみると、職業による賛否の偏在が認められるものの、内閣府のアンケートで得られた八〇パーセントが死刑に賛成という数値は、法律と死刑制度を熟知するにつれて拮抗する、ないしは逆転すると認定していいだろう。日本人は必ずしも死刑制度を積極的に支持してはいないのである。

死刑は冤罪を救えない

まだ冤罪で死刑になった例（処刑後に再審で無罪）は表面上はないが、処刑されたあとで冤罪を訴えることが現実的ではないだけだ。冤罪を訴えながら獄死した死刑囚には、帝銀事件の平沢貞通氏、名張毒ぶどう酒事件の奥西勝氏がいた。

帝銀事件とは、一九四八年に東京都豊島区椎名町の帝国銀行（現在の三井住友銀行）で起きた、毒物殺人事件である。犯人は近所で集団赤痢が発生したと偽り、行員と用務員一六人に青酸カリを飲ませたのだ。そのうち一一人が死亡し、犯人は現金一六万円と小切手を奪って逃走した。犯人として逮捕されたのが、テンペラ画家の平沢貞通だった。前年に荏原で起きた類似事件で使われた名刺の持ち主が、平沢の名刺を持っていた（名刺交換をした）というのが逮捕理由である。厳しい取り調べによって「自供」を強いられ、公判では無罪を主張するも、死刑判決を受けた。再審請求を一七回、恩赦願いを三回提出するが、受け入れられなかった。九五歳で獄死。現在、第二〇次の再審請求が申し立てられている。

名張毒ぶどう酒事件とは、酒席でふるまわれたワインに、毒物が混入されていたことから一七人の女性が死亡した事件である。奥西勝氏は四三年間にわたって収監され、合計九回の再審請求を行なうも、八九歳で獄死した。

請求は棄却されたものの、本人が処刑後に親族が冤罪であるとして再審請求した例としては、一九九二年に起きた飯塚事件がある。福岡県飯塚市で二人の女児がゆくえ不明になり、雑木林で遺体となって発見された事件である。事件当日のアリバイがなく、クルマに女児の服とおなじ繊維があったことから久間三千年（当時五四歳）が逮捕された。そして状況証拠から「いずれも犯人と犯行とを結びつける情況として重要かつ特異的であり、一つ一つの情況がそれぞれに相当大きな確率で犯人をしぼり込むという性質を有するものであり、これらは相互に独立した要素であるから、その結果、犯人である確率は幾何級数的に高まっていることが明らかである」（福岡高裁）として死刑判決が下された。

二〇〇八年の死刑後、新たなＤＮＡ鑑定が証拠能力を否定する、および目撃証拠の信用性が否定されるなどとして、久間元死刑囚の妻が再審請求を行なったが、最高裁はこれを棄却している。現在、最高裁に特別抗告が行なわれている。死刑判決にもＤＮＡ鑑定は行なわれているが、二六六人に一人の確率で一致する程度のもので、証拠採用はされていない。

ところで、飯塚事件の死刑が執行されるわずか一二日前に、足利事件のＤＮＡ再鑑定が行なわれる報道があった。おそらく法務大臣は連続してＤＮＡ鑑定が行なわれ、冤罪判決となるのを怖れたのではないか。

その足利事件がどんなものだったか、ふり返ってみよう。一九九〇年五月、足利市のパチンコ店で女児がゆくえ不明になり、翌日渡良瀬川の河川敷で遺体となって発見された事件である。当初、警察は複数の目撃証人を得ていたにもかかわらず、当時流行のプロファイリング捜査に切り替えている。すなわち「赤いスカートと白いシャツの少女を連れた男」を探すのではなく、「少女を好む男」を聞き取りでいく捜査方法を採ったのだ。

その結果、女児の下着に付着していた体液のＤＮＡと菅谷和利のＤＮＡが一致したとして、菅谷を逮捕したのである。この捜査方法は聞き込み情報をもとに不審者をしぼり込み、ＤＮＡ鑑定を証拠にする安易な方法で、証拠と証言を積み重ねる伝統的な刑事捜査を逸脱している。その結果、二〇〇九年の再鑑定の結果、菅谷のＤＮＡと一致しないことが判明し、再審が行なわれて無罪が判明した。捜査が行なわれた当時のＤＮＡ鑑定は、別人であっても一〇〇分の一・二パーセントの確率で一致する可能性のあるものだったのだ。

ここでふたつの問題点が浮上してくる。警察の見込み捜査によって容疑者がしぼり込まれると、犯人特定のために状況証拠やＤＮＡ鑑定などが恣意的に積み重ねられる可能性が高いこと。そしていったん死刑と決まったら、冤罪が明らかになる前に執行してしまう可能性が高いことである。飯塚事件で再鑑定が行なわれていたら、久間三千年の死刑は執行されなかったかもしれないのだ。足利事件の菅谷和利は無期刑であったから冤罪を晴らすことができたが、死刑判決の場合は殺されてしまう可能性が高いのである。

冤罪ではないかと思われる死刑囚が処刑されたケースとしては、菊池事件の藤本松夫が挙げられる。熊本県菊池郡の村役場衛生課職員の自宅に、ダイナマイトが投げ込まれた事件である。ダイナマイト自体は完全には爆発しなかったが、衛生課職員とその子どもが軽傷を負った。警察は藤本松夫（当時二九歳）を容疑者と断定した。藤本はハンセン病に罹患しているとして、ハンセン病施設国立療養所菊池恵楓園への入所を勧告されていた。この入所勧告を、被害者職員の通報によるものと逆恨みしての犯行とされたのである。裁判の結果、一審判決で藤本は懲役一〇年の実刑を受けた。

ところが藤本は、この判決の直後に脱走したのだ。藤本が脱走してから三週間後、村の山道で、ダイナマイト事件の被害者職員が全身を刺され惨殺されているのが発見された。その六日後、山狩りをしていた警官や村人らに発見された藤本は、畑を通って逃げようとした際に拳銃で四発撃たれ、右前腕に貫通射創を受けて逮捕された。藤本は逃走罪および殺人罪で追起訴され、熊本地裁は藤本に死刑を宣告した。

藤本は控訴・上告したが、一九五七年八月二三日に最高裁が上告を棄却し死刑が確定した。逮捕と裁判において、ハンセン病者に対する差別的で拙速な手法が採られたと批判されている。証拠も藤本を犯人と特定できるものではなかった。当初は凶器が鎌だったものが、現場から歩いて一〇分も離れた場所から出てきた短刀に変更されるなど、決定的なものはなかった。藤本は三回目の再審請求が却下された一九六二年九月一四日、福岡拘置所で死刑が執行された。

法の番人たる警察・検察および裁判所は、決して間違いを犯さないとされている。法務大臣と司法行政はそれを追認する。それが国家というシステムである。したがって、いったん逮捕・起訴されたら、冤罪を晴らすのは途方もない困難に逢着する。袴田事件の袴田巖さんは、長期にわたる拘留で死刑停止になったものの、最高裁が命じた再審が東京高裁で棄却されている。精神鑑定の結果、死刑にはしないが、決してみずからの過ちを認めない司法とは、いったい何なのだろうか。袴田事件では、拷問で強要された自白とはまったく逆の、犯行経過が数個の時計が止まった時間で反証されようとしている。

このほかにも、免田事件、財田川事件、松山事件、島田事件など、四大冤罪事件と呼ばれるものは、死刑判決が確定したのちに再審が行なわれて無罪となったものだ。文字どおり、死刑台からの生還である。死刑が確定しなかった例でも、一審死刑判決で控訴審が無罪になった例として、山中事件、鹿児島老夫婦殺害事件などが挙げられる。

冤罪事件に共通するのはいずれも、厳しい取り調べを受けていることだ。帝銀事件の平沢貞通は、拷問に近い取り調べに耐えかねて、三回も自殺をはかっている。袴田事件の袴田巖は炎天下に一日平均一二時間、最長一七時間もの取り調べ（殴る蹴るの暴行）を受け、トイレにも行かせない（取り調べ室に便器を持ち込んで、用を足させる）、夜も泥酔者の隣室に収容して安眠させせない。疲労困憊のすえ、勾留期限三日前に自供させせられたのである。

一九五〇年に起きた財田川事件（強盗殺人）の場合も、苛酷な取り調べによる自白強要だった。主犯とされた谷口繁義（事件当時一九歳）は、なるほど地元で怖れられていた不良だが、彼を取り調べた捜査官もまた筋金入りだった。捜査官たちは元特別高等警察出身者で、別件捜査を用いての長期拘留と長時間におよぶ取り調べが明らかになっている。

そして、裁判官から弁護士に転じて谷口の弁護人になった矢野伊吉は、昭和二一年に起きた榎井村事件でも、再審無罪になっていることに気づいた。長期拘留と拷問的な取り調べでは共通したものがあると、矢野は冤罪の確信を深めたという。たとえば谷口は尋常小学校卒で、漢字が書けないほど文章力が稚拙だったのに、きわめてまとまった自白調書になっていることなど、警察のねつ造は明白となった。事件から二六年目の一九七六年に最高裁は差し戻し審を命じ、一九八四年に無罪判決が下されたのである。獄中生活三四年だった。

冤罪は国家による正義の実現の場、すなわち裁判における不正義である。こと判決が死刑であれば、司法のミスとか審理の不充分で済ませられる問題ではない。国家による回復不可能な犯罪なのである。死刑廃止が人間の尊重であるとともに、不正義からの救出である所以だ。

死刑をめぐる作品――文学は死刑をどのようにとらえ、いかに人間の苦悩を描いてきたか⑤

永山則夫『無知の涙』（合同出版）

本書は、永山が一九六九年四月七日に連続殺人事件で逮捕され、拘留中にノートに記述したものである。

わたしは、この書物を入手し読んでいたが、その後に河出文庫（増補版、一九九〇年）、同『人民をわすれたカナリアたち――続　無知の涙』等をはじめ、彼の死刑執行（一九九七年八月一日）後に小説『華』や『文章学』（ノート）、後に紹介する『法廷調書』などが出版されている。

わたしが前述した、いわゆる古典類である死刑論著（ユーゴーやトルストイ）に加え、永山則夫の著作を追加する意図はどこにあるか。古典書とされるユーゴーやトルストイの著作の課題のひとつである「罪と罰」の視点から、永山の「罪と罰」の論点を求めることにある。ここで紹介している「法廷調書」は文字どおり法律問題である。しかしわたしは犯罪学が専門であり、刑法解釈の枠内の罪刑法定主義を超え、永山の「罪と罰」に論点を置くものである。

『無知の涙』の無知とは

永山は、連続殺人事件で逮捕され長期間の拘留中、驚くべき量の読書・執筆をしているが、その著作からドストエフスキーの『罪と罰』に心酔していたことが窺える。彼の『無知の涙』の無知とは何であったのか。わたしは、三〇年ばかり前にこの書を読み、その無知とは、「自分が貧困のなかに放置された社会の仕組みが裁判所や官庁でふんぞりかえっている連中が巨額の報酬をもらい、役人たちがつくった法律を犯した者を流刑や刑務所所長の支配下に置く」（トルストイ）ことに対する無知であったと推定した。しかし、この「無知の涙」の意味は、時間の過ぎるについて変遷する。

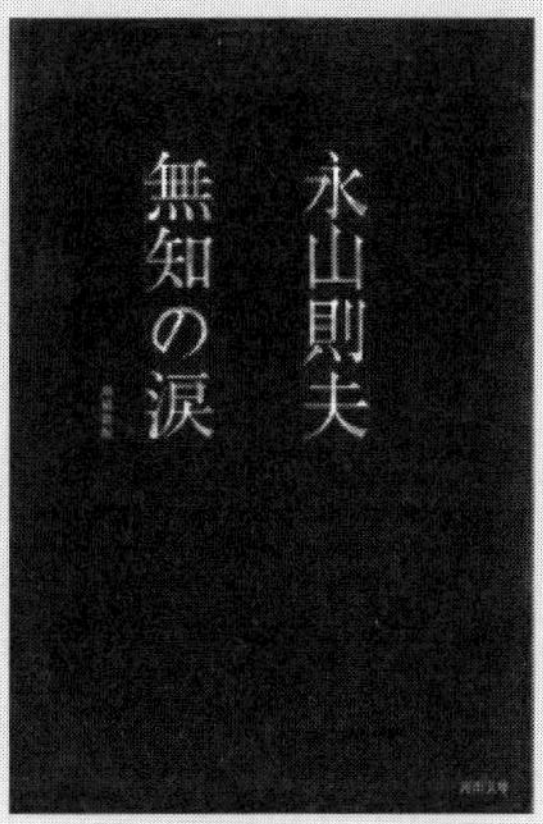

『無知の涙』河出文庫版

第1　彼は、四人の連続殺人で逮捕されたとき、最初の殺人が発覚し、警察は捜査で永山の犯罪を認知しつつも逮捕することなく放置した。そのとき彼を逮捕していれば、後の殺人はなかった。

第2　彼は、一人を殺しても死刑になると思っていた。現実には、二人または三人の殺人数でなくては死刑にはならない量刑基準を知らなかった（単なる量刑相場であり例外はある）。彼は、この事実を知っていたなら、第二、第三の殺人を犯すことはなかった、と述懐している。ただし彼は静岡事件の放火、住居侵入、殺人未遂では不起訴になっているが、放火、強盗殺人事件も犯している（この点については後述する）。

『無知の涙』の無知については、彼独自の主張が後日明らかとなった。『法廷調書』（永山則夫、月曜社、二〇二一年）がそれである。

わたしは本書の原本となった冊子（永山裁判ニュース刊行会編集・発行）を一九八七年に入手している。当時は、裁判記録として保存してはいたが精読していなかった。今回、同書出版につき作成協力された市原みちえさんに所用でお会いした際、本書を入手し精読した。同書の記録では、

第1事件　東京プリンスホテル事件

永山則夫は、一九八三年八月八日、在日米軍基地内の将校留守宅から拳銃と弾を盗み、同月一一日、東京プリンスホテル敷地内をパトロール中のガードマンに発砲、一〇時間後に死亡。

第2事件　京都事件

同年八月一四日、京都市八幡神社境内で、神社警備員に発砲、殺害。

第3事件　函館事件

同年八月二六日、北海道亀田郡でタクシー運転手に発砲、九時間後に死亡。

第4事件　名古屋事件

同年一一月五日、名古屋市内でタクシー運転手に発砲、五時間後に死亡。

永山は連続殺人事件として、一九六九年四月七日、東京渋谷区代々木の路上で拳銃不法所持により現行犯逮捕された（逮捕当時一九歳）。東京家裁での監護措置等を経て殺人二件、強盗殺人二件等により同年五月二四日、東京地裁起訴、第一回公判が開始され、第六六回公判後の一九七九年七月一〇日に死刑判決。同年七月一一日、被告人控訴、鈴木淳二弁護士が私選弁護人として就任。

一九八一年八月二一日、最高裁第二小法廷が原判決破棄、第二審で無期懲役（船田判決）。同年九月四

日、検察庁異例の最高裁上告。

一九八三年七月八日、最高裁、原判決を破棄し東京高裁へ差戻す。二審判決は、個別的認定、総合的判断を誤り、刑の量刑を誤ったとした。

一九八七年三月一八日、控訴棄却。

一九九〇年五月八日、死刑確定（遠藤誠弁護士）。

一九九七年八月一日。死刑執行。

論点1
永山は、東京高裁第一六回公判において、遠藤誠弁護士に対し、控訴審の無期懲役（船田判決）につき検察が上告し、最高裁が差し戻した理由について尋問して欲しい、と自ら申し出ている。「最高裁が却下することはわかっていた。仮に無期懲役で確定し受刑者となれば現在執筆中の『論理学ノート』が書けなくなり、勉強もできなくなる」（要旨）とも述べている（その後に考えを変えているが）。
永山は第二審の船山判決、無期懲役を上告しなかった。その理由を四点挙げている。鈴木弁護士の控訴趣意書では、①少年の犯罪行為の一過性、②被害者弁償をしている、③権力犯罪ではないなど情状面から無期判決を得たのである。高裁で無期懲役判決を得た鈴木淳二弁護士の功績が大きい。

論点2
最高裁判決の冒頭では、永山が四件で「何ら落度のない四人の社会人の生命を、わずか一カ月足らずの間に次々と奪った」とあるが、永山は「当時は日本の一億人を敵と思っていた」と言っている（近くの「木橋」に貧困から兄弟らに捨てられた思いから、小説『木橋』［新日本文学賞］が生まれた）。
問題とすべきは、永山は一九六四年四月七日、東京で逮捕され、東京家裁で監護措置を受けた後の五月二四日に東京地裁に二人の殺人により起訴されたが、事件の事実関係が、この一カ月の短期間にどこまで検証されたかである（当初から刑事事件「逆送」が予定されていた可能性がある）。

起訴されれば、不告不理の原則により起訴状記載の事実関係以外は審理の対象とはなり難い。もっぱら東京高裁控訴審法定調書に限定している。

ちなみに、ここで紹介している四件の殺人事件のほかに第一事件（東京プリンス警備員殺害）以降、永山は再び北海道から東京に戻り、一橋スクールの事務所で警備員に見つかり拳銃を発砲しているが、殺意はなくわざとはずしている。「静岡事件で逮捕されていれば、その後の事件（原宿事件）はなかった」と永山は供述している。検察は彼が、さらなる故意殺人を起こすまで追跡しながら、死刑求刑の基準充足まで泳がせたのだ。

論点3

永山は、静岡事件の前から「死んでもいい、ピストルの撃ち合いの中で、殺してもらいたかった」と供述している（同書一〇頁）。

ガードマンやタクシー運転手を撃ったことは、彼らが威圧的な警察官だと思っており、後になって彼らが重労働者と自覚した。当時は「乞食と売春婦以外は」敵だと思っていた。

後にどうして仲間を殺したのか、殺さない論理を求めて「大論理学ノート」を書いた（このノートの一冊は永山本人がわたしへ送付していた）。単なる「連続射殺魔」ではない、と。

最高裁は「被告人の成育環境、成育歴等に同情すべき点があること、犯行時少年であったこと等、被告人に有利な一切の事情を参酌しても、死刑の選択はやむを得ない」と述べている。

上述したようにガードマン等に殺してほしいと、あえて狙いをはずした拳銃発砲の件や、放火事件などを起訴せず、そのうえ逮捕可能なところを、あえて泳がせたことなど、最高裁の死刑判決理由は一切触れていない。

司法判断――死刑選択の背景

1　少年法（家裁審判）における、いわゆる「国親思想」（パレンス・パトリエ）の原則（親に代わり国、社会が少年を守る）の不存在。

2　検察官による起訴状記載項目以外を法定審理から排除した司法。

3　アメリカ司法における第一審不服の控訴は、被告人にとって一審より有利な裁判を得るものであり、死刑判決が棄却され無期または終身刑となれば、その刑が確定し検察には控訴権は存在しない。

4　永山事件で具体化した「永山基準」（後に「死刑基準」）の不合理性。同基準は、「犯罪の罪質、動機、態様、年齢、前科」等、十数項目を挙げているが、その量刑因子は客観的基準とはなり得ない。

かつてわたしは、この基準作成に関与した最高裁判事（東大名誉教授）団藤重光氏に確認したところ「永山に死刑が該当しない思いで作成した」と述べてはいた。

5　アメリカでは刑事事件の弁護士報酬は、すべて州または郡の公費で賄われる。それも事件によっては億単位とも言われている。しかも死刑相当犯罪については本人の意思とは無関係にすべての事件が最高裁まで上告される（スーパーセンテンス）。

6　遠藤弁護士は永山に対する尋問の第一回目（第一六回公判）において永山が「最初に最高裁の判決から尋問ねがいたい」と願い出ると、延々と自説を語らせた。第二回（第一七回公判）において遠藤弁護士が永山の生い立ちを問う段になると、短い応答に終始している。遠藤弁護士は、その求めに応じ我慢づよく聞き入れ、永山の内心の理解につとめている。

遠藤弁護士の努力もむなしく、一九九七年八月一日処刑された。それを知った遠藤弁護士は「腰が抜けるほど驚いた」と語っている（詳細は、菊田幸一『新版　死刑――その虚構と不条理』明石書店、三一九頁以下参照）。

閑話休題　東京高裁差し戻し審の裁判を受任した遠

藤誠弁護士（当初は私選、後に国選）は、かつて外国からの死刑問題調査で来日した人物に、わたしと一緒に弁護士会館で対応した際、同氏は六法全書を抱き、条文を見ながら丁寧に対応されていた。当時は暴力団の顧問でもあり、テレビ出演の際に自らの入れ歯をはずし話していた様子を拝見していたわたしは、その人柄に好感を持っていた。

「罪と罰」とは

1　永山は一八歳時の殺人事件で家裁に送致されたが、永山の母親も幼少時に虐待されており、永山も幼少期の長兄らによるリンチにより脳に外傷の傷があり、脳の一部の成長が停止することのあることも加え、一八歳（刑事責任がある）の状況ではなく一七歳に当たるとの鑑定書を提出していた（大谷恭子弁護士の記事参照。しかし永山は、この石川鑑定書にも反論している）。

2　第一審の私選弁護士であった鈴木弁護士は、この鑑定意見や家裁による監護措置記載の不合理性から、事実上は一七歳以下の少年の事件で一過性である。この「情状」から無期懲役となることは間違いない、と永山に進言した。

3　永山は、鈴木、大谷両弁護士を解任した。その理由は、下獄（刑の確定）したなら、現在執筆している「大論理学ノート」が刑務所内で書けなくなる。完成すれば自分は絶対に死なないという確信で書いているからだ。それに無期懲役になれば勉強ができなくなる、とも供述している（当時は）。

4　永山は遠藤弁護士が、「なぜ無期懲役に対し上告しなかったのか」と質したのに対し、四つの理由を挙げている。そのひとつに静岡事件をはじめ、警察やおそらく検察も含め永山を「泳がせ」死刑判決を確実なものとする権力側の政治的圧力があった。さらに最高裁判決自体に過失があったことなどから、一刻も早く事件を決着させなければならない事情があった。同時に当時世間を騒がせていた酒鬼薔薇事件（一九九七年二～五月にかけて中学生が小学生五人を殺傷した事件）も影響していた。永山は無期懲役となっても検察上告により差し戻しとなることを知っていた。

5　犯罪行為とその刑罰のありようは、単に法が定める枠内での刑罰適応充足で足りるものではない。ところが現実に「量刑相場」と言われるように、あるいは求刑の二割引きとも言われるものであってはならない。永山に限るものではないが、永山事件は少年事件であり、殺人二件、強盗殺人二件の四件のうち即死は一件だけである。上述のごとく、第二審の無期懲役（船山判決）で述べている「泳がせた」事実について最高裁は、一切ふれることなく棄却、差し戻している。

まとめ

永山は『無知の涙』出版後も『木橋』の出版により新日本文学賞を受賞し、文筆家としての名声があがり、同時に哲学書を読み、マルクスの著作を熟読（『共産党宣言』）し、傾注するなかで生への執着が濃厚となった。同時に永山は、当初の自殺志向から、その間違いに気付き哲学書を読むことで自己の権力闘争に独自の理念を持つに至り、生きることに執着した。その直後に処刑された。

永山は処刑場に連行される直前にあらゆる手段を講じて抵抗し、それは布団に血がしたたる状況であった。処刑後に大量の原稿が出てきた。その大半は「倫理学」の記述であった。

あくまでも永山を処刑しなくては日本の死刑制度は存続できない、との権力側の総意が結集したものだ。その中核となったのは最高裁判所、法務省・検察庁、警察である。日本には三権分立どころか、憲法も無視できる（見えざる）独裁国である。

わたしは『犯罪学』（菊田幸一、九訂版）の序文において「犯罪学は神の世界である」、無限とも言える「神の世界」である犯罪学においては「法の枠に魂を入れる」ことである、と述べている。その「罪と罰」の理念から永山には「無期懲役」が妥当であった。

第七章　死刑廃止論としての終身刑

日本における死刑廃止論

ここからは、先達の死刑廃止論を紹介していこう。

死刑廃止が遠くは上代において流罪に置き換えられ、平安期に事実上の停止をもって実行されてきたことは、第二章でつまびらかにみてきた。つまり死刑廃止の代替案は、昨今の議論ではないのだ。本章においていよいよ、死刑廃止の代替措置としての終身刑の導入に論をすすめよう。だがその前に、先達の死刑廃止論をたどって、導きの糸としたい。

明治期において、憲法私草案のなかで植木枝盛によって死刑廃止（「世界の万国は断固死刑廃す可きを論ず」明治一四年）が唱えられたのも、前述したとおりである。それに先立つ明治元年には、すでに蘭学者の神田孝平が西欧の死刑廃止論を紹介し、明治八年にはオランダ留学経験のある津田真道が『明六雑誌』にベッカリーアの名を引用して「死刑論」を発表している。これなどは言説としては、本邦初めての死刑廃止論であろう。かように、明治という時代は開化の思想に充ちていた。

明治二〇年代に入ると、大日本監獄協会の『監獄協会雑誌』において、行刑の実務家や研究者のあいだで死刑廃止論が展開されるようになる。現行監獄法の起草に努力し、矯正理論を体系だてた小河滋次郎は、明治三三年に浅草本願寺で「廃死刑論」という講演を行なっている。一方、新島譲の門下で矯正保護の社会事業の先駆者となった留岡幸助は、やはり明治三三年に「死刑論」を発表し、これは教育刑主義の立場からの死刑廃止論であった。死刑廃止論が明治いらいのものであり、昨日や今日の議論ではないことを了解していただければ充分である。

さらに大正期にかけて、代言人（弁護士）として大逆事件や米騒動の弁護活動をした花井卓蔵は、代議士として七期務めた政治家でもあり、議会内外で弁舌をふるって死刑廃止を唱えた。大正期には滝川幸辰がベッカリーアを本格的に紹介し、滝川門下に死刑廃止論の研究者が輩出される。

昭和に入ると、刑法近代派を代表する牧野英一、さらに正木亮《あきら》、木村龜二《かめじ》を双璧に、死刑廃止論が展開される。そしてみずから裁判官として死刑判決にのぞみ、体験的に廃止論に転じた団藤重光の名を挙げないわけにはいかない。その団藤重光の死刑廃止論は後述する。わたしが私淑するところ、法理論的にも説得力のある論考が団藤の『死刑廃止論』（有斐閣）である。

牧野英一（一八七八～一九七〇年）は刑法における主観主義、新派刑法学の大家として木村龜二とともに知られる。

木村龜二（一八九七～一九七七年）、法哲学、刑事法学者、東北大学教授、定年後、明治大学法学部教授

（『死刑論』）。筆者は（余談ながら）法務省法務総合研究所から同教授の推薦で明治大学に就任した。直系の弟子の栄誉に浴している。

正木亮（一八九二〜一九七一年）、監獄学、刑事政策の実践的法学者、戦後の日本における死刑廃止の中心的指導者であった。

①木村龜二の違憲説

日本国憲法は、第一一条（基本的人権の享有）、第九七条（侵すことのできない永久の権利）とあり「生命の不可侵」を基本理念としているが、第一三条「公共の福祉に反しない限り」とあり条件付である。

この点に関して木村龜二は、「残虐な刑罰の禁止」は、公共の福祉による条件付ではないとし、この第一三条は削除すべきであると憲法制定直後に主張した。このような指摘は、憲法制定後の今日でも貴重な発言であり、法哲学者としての面目に輝くものである（『新憲法と死刑制度』一九五〇年）。

②正木亮の主張

正木亮は、牧野英一の門下の一人であるが、監獄学に没頭し、刑法以外の心理学、社会学、精神病理学にも関心をもち、犯罪者処遇に科学の関与の必要性を意識していた（『刑法と刑事政策』一九六二年）。

彼は当時すすめられていた刑法改正準備委員会のメンバーに死刑廃止論者の参加がないことを問題とし、刑法の死刑存置を前提に、犯罪者がどういう背景で凶悪犯罪を犯したか、裁判官、検察官も無関係に形式から刑の選択をしている現状を批判している。ただ「死刑廃止」を主張してはいる（『死刑』河出書房）が、国際的には西ドイツ基本法が第二次世界大戦後に死刑を廃止しており、日本での死刑廃止が単に死刑罪数の減少に留まっていることを嘆いている。彼は機関誌『社会改良』を発刊していた。彼の死去後、わたしが「犯罪と非行に関する全国協議会」、現在の「全国犯罪・非行協議会（ＪＣＣＤ）」を発足させたのは、その遺志を継ぐ意味があった。

③団藤重光の死刑廃止論

団藤重光は、東京大学法学部教授の当時、客観主義論者の小野清一郎教授の門下として、牧野英一の主観主義刑法に対峙する立場から刑事訴訟法（新刑事訴訟法の草案に関与）・刑法を担当した。定年後に最高裁判事となり、晩年において『死刑廃止論』（初版・一九九一年、第五版・一九九九年）を出版し、日本での死刑廃止に加勢したことは認められる。

しかし、同著を含む団藤教授の理論「人格形成責任論」を基本とする死刑廃止論は、その論理的結び付きについては、率直に言って理解困難である（詳細は菊田『死刑廃止日本の証言』参照）。

団藤重光の主体性論

団藤重光の人格形成における「主体性」は、諸個人の人格の尊厳を第一義に承認するところから出発する。この「主体性」は、近代哲学（デカルト）でいう主体と客体の意味ではない。人間が積極的な人格をもち、社会および共同体の構成員である主体と読み解いていいだろう。主体であるがゆえに自発的な道義性をもち、したがって尊厳を与えられるべきだ。国家によって死刑にされるものではない、というのだ。

団藤は法哲学者ヘルムート・コーイングの論を引いて「死刑は犯罪者じたいを否定するものである。しかし、国家はそのような権利をもつものではない。なぜならば、それは一人の人間を国家の目的に捧げることになるからである。だから、死刑は法の理念に反する」と強調する。さらにカミュの「償いの権利がなければ、道徳的生活は厳密にいって不可能である」(『ギロチン』)と、生命権の基礎付けを行なう。これ自体は、人権を至上のものとするヒューマニズムにすぎないが、団藤はその人格を動的であるとする。この動的とは、変化するという謂いである。

すなわち、団藤においては、行為(犯罪)と人格は相互作用的であり、切り離して考えることはできない。したがって、犯罪理論においては「犯罪行為はつねに行為者人格と結びつけて理解されなければならない」(前掲『死刑廃止論』)とする。そこで刑罰においても、犯罪当時の行為者と、現在の行為者を「動的」にとらえなければならないというのだ。

要するに、罪を犯した当時の被告と、反省をした被告を区別しなければならないということになる。ここまでは抽象的な、団藤に云わせれば「犯罪と刑罰の緊張関係」である。言い換えれば動的な関係である。これを具体的な事件と裁判において実現するときに、死刑は法の理念に反することになるというのだ。碩学の云うところを引用しよう。

裁判所は、殺人罪にあたる行為の中でも情状が極端に重いと考えられる者について死刑か無期懲役かを選ぶことになるわけですが、その限界はきわめて微妙ですし、むしろ、はっきりした限界はないというべきでしょう。ところが無期懲役と死刑との間には、生か死かという質的な断絶がありまス。つまり、犯罪の情状は相対的なものなのにもかかわらず、刑には絶対的な――しかも恩赦による以外には事後的な修正の不可能な――差異が出て来るわけです。これでは、論理的にも、厳格な罪刑の対応関係は不可能というべきではないでしょうか。（前掲書）

死刑は無期懲役との関係において、厳密な限界（線引き）がないので、罪刑法定主義に反するというのだ。犯行の態様は微妙なのに、刑罰に飛躍がありすぎる、と言い換えてもいいだろう。法が刑罰を量れない以上、罪刑も定まらないのである。結論において、わたしも死刑制度の最大の問題点はここにあると思う。

団藤重光とわたしの対話が残っているので、そこから抄録しておこう。まずわたしの保安主義刑法と責任主義刑法についての質問に答えて、団藤はこう展開する。

犯人が危険な性格を、もっているからその危険性をなくするため、あるいは危険だからそういう者は社会から抹殺するためだ――ロンブローゾ〔イタリアの医師で犯罪心理学の提唱者〕の死刑存置論がそれです――というのが予防主義であり、保安主義刑法と言われます。それに対して、責任主義というのは、犯人が社会的に悪いことをしたから、それに対応する刑を受けるのは当然だという正義の考えからきている立場です。

〔法律とは〕社会に役立つものでなければなりません。ということは、犯罪を犯した者がいれば、社会復帰をなるべくさせることを考えなくてはなりません。そういう意味で教育刑ということが大事です。

後段では、保安刑主義を全体主義の考え方だと断じている。

さらに団藤は、責任主義と教育刑主義はもともと、社会防衛論から出てきた考え方であるとしたうえで、両者は「究極的には合体しなければならない」と云う。すなわち、

応報としての刑罰を科すということは、人間に道義的な意味での主体性を認めるところからきているのです。ところが、死刑の実態をみると、人間の尊厳と相容れないものです。

そもそも、死刑を行なってしまったら、犯人の主体性を滅却してしまうことになります。刑罰というものは、主体というものに対するものであって、主体そのものを滅却してしまってはいけないのです。

（以上『死刑廃止日本の証言』三一書房）

ここにおいて、団藤の「主体性」という概念も明確になったであろう。次に団藤は裁判官の独立（必ずしも判例に縛られるべきではない）について、こう語っている。

一人ひとりの裁判官が自分でじっくりと考えて、そして何よりも、まず被告人のことを考えていきませんと。刑事裁判は被告人に対する裁判でしょう。被告人の人間を見なくてはいけません。人間を見ないで、ただ事実だけを見るというのは、おかしい。

さらには、裁判官にも主体性がなければならず、いわゆる「間主体性」、「主体相互性」にまで関係が高められなければ、刑事裁判は語れないとする。この「間主体性」とは、ヘーゲルに発し、フッサール（現象学）において定立した現代思想の認識論である。刑法学の重鎮においては、近代の主客図式（デカルト）が超えられていたことになる。

教育刑主義を肯定したうえで、さらに団藤はこう提案している。

理論的に言いますと、死刑の言い渡しまでは認めるということは、すなわち、行為が死刑に値するという評価だけは下すということです。そういう評価はするけれども、執行は許さないというノミナル〔名目的〕な死刑ということは、これはありうることだと私は思うのです。（前掲書）

さらに団藤は恩赦の運用や無期刑の運用の再検討にも言及している。

ここまでに先人たちの日本の死刑廃止論を簡略に紹介した。そのいずれも、当然ながら死刑廃止論ではあるが、いずれも死刑廃止への具体的手段にはふれていない。ただ、木村龜二が憲法から第一三条を削除すべきであると主張したことは注目される。

筆者は、牧野英一を除き木村龜二、正木亮、団藤重光の三氏に若輩ながら直接に親密な交誼を得た生存者である。それに牧野研究室に一〇年以上、無給助手を務めた小林高記氏（雑誌『法律のひろば』編集長）には数十年にわたり家族間親交を得、木村、正木氏らの牧野研究室での話題を聞かされてきたものだ。

最近の死刑廃止論

倫理的な観点からの、最近の死刑廃止論の典型的なものを紹介しておこう。現役の弁護士であり、地方議員としても活躍していた川目武彦がネット上の議論を前提に、わかりやすく書かれたものを抄録する。

「死刑制度の可否について議論するにあたり、ここでは死刑を科すべきかどうかの議論について、人の生命を奪った場合であることを前提に考えてよいと思います。人の生命を奪うことの罪の重大さを刑罰として実現するために、人の生命を奪うことには論理的な矛盾がある」と川目は云う。

凶悪な犯罪を犯した人間の生命価値など、被害者の生命に比べれば評価に値しない、と考えたくなるような犯罪はありますし、これからも発生すると思います。しかし、人の命は尊く、それぞれに優劣はない、という価値観を私たちがとるとすれば、人間の命を国家のシステムとして奪う死刑制度は、この価値観とどうしても両立し得ないのではないでしょうか。

論拠は人命尊重という立場であれば、犯罪者（殺人犯）の人命も尊重されなければならないというものだ。

人の命は尊く、それぞれに優劣はない、という価値観を捨てるという選択肢＝〝人の命には優劣がある〞という立場をとる選択もあり得ますが、人間生命の尊重に例外を認めることはするべきではないと思います。そのような立場をとると、無差別殺人や大量殺人の犯人らの理屈と同じになってしまうと思いますし、ナチスドイツのような優生思想につながると考えます。

その一方で、死刑存置論が被害者感情に根ざしている点にも言及する。

被害者やその家族であれば、ほとんどが犯人の死刑を望むのはごく自然な感情だと思います。凶悪事件の被害者の圧倒的多数が死刑を求めているのだろうと思います。その意味で、死刑を廃止しようとする、正にその過渡期において、死刑による正義の実現を期待した被害者家族の希望を絶つことになるのはそのとおりです。誤解を恐れずに言えば、社会のために、被害者家族の心情に犠牲を強いる形になることは否めません。

しかし、それでも、私たちの社会は、人の生命を奪った凶悪犯罪者を非難するために、当該犯人の命を奪うという選択ではなく、他の代替的な手段を模索・選択するべきではないでしょうか。その際には被害者の受けるダメージを最小限にするべきですし、法改正によって、ある側面では被害者のケアをより充実させることも可能であると思います。

ここから川目は、被害者家族のケアへと論をすすめる。

例えばカリフォルニア州では、州として死刑の廃止が住民投票にかけられた際、死刑を廃止する代わりに、①絶対的な終身刑（一生刑務所から出られない）とともに②当該受刑者の労働から発生した賃金から一定割合を被害者団体へ支払わせるという法案が提案されています。

この案は、死刑制度の廃止による被害者家族の感情を絶対的終身刑の導入により多少なりとも緩和させ、さらに、被害者家族の被る経済的なダメージについて配慮するもので、被害者家族の経済的サポートが脆弱な我が国にとって参考になるものと思われます。現在の日本の被害者に対するケア、例えば、犯罪被害者等給付金は全く不充分です。

死刑制度が廃止される場合、死刑犯罪に相当する犯罪の被害者の家族には、生活について心配をする必要がない程度に、強力かつ継続的に国が援助をするべきとするのだ。そのうえで川目は、死刑制度が犯罪人引渡条約の障害になっている点を指摘する。

異なる観点から死刑に反対する理由として、現在の日本の死刑制度が凶悪犯罪者にとって抜け穴になっている、非常に皮肉な現状について指摘させてください。日産のゴーン氏の逃亡劇で話題になっている犯罪人引渡条約ですが、現在の日本が条約を締結しているのは韓国とアメリカだけで、他の国とは条約を締結していません。たとえば、犯人がEUに逃亡した場合、日本は犯罪人を引き渡してもらう法的根拠がありません。

日本が死刑制度を維持していることで、国内で死刑に該当するような凶悪犯罪を犯した人間が国外に逃亡した場合、全く刑罰の執行ができないのです。これは被害者家族にとって、悪夢のような事態を招きかねない大きなリスクを抱えていることを意味します。これでは被害者感情を考慮して死刑制度を維持する立場からすれば、全く逆方向の事態ではないでしょうか。

さらに別の理由として、死刑制度が存在することによって、国民の生命や他者の命の尊さについて、国民の意識が低くなっていくという負の影響があるように思います。もしも日本に死刑制度がないところに、来年から死刑制度をスタートするということになったらどうでしょうか？　多くの人が〝本当にそれでいいのだろうか〟と問題意識をもつことになるのではないでしょうか。いま私たちの社会は死刑判決、死刑の執行が当たり前になっていますが、その当たり前の普通感覚は、ずっと続けてきた死刑という悪しき制度を、私たちが知らず知らずのうちに受け入れてきた結果ではないでしょうか。

（抄録・文責菊田）

この川目武彦の死刑廃止論は生命尊重の倫理観を充たし、犯罪被害者遺族の感情にも配慮してその物質的な補償をも提言している。

さらには犯罪人引渡条約という喫緊の課題、国民の生命観に死刑制度が影を落とすのではないかと、根源的なところまで論じられている。まったくもって、わたしは賛成である。これをひとつの、死刑廃止論のスタンダードとして完成されることを祈念したい。

これでもなお、法理論的に死刑廃止に疑義があると思われる向きには、憲法学者の卓抜した論考を、これも抄録しながら紹介しておこう。憲法学において、死刑は違法・違憲なのである。

平川宗信の憲法的死刑論

平川宗信（名古屋大学名誉教授）は「憲法的死刑論」は、死刑の違憲論であると同時に、死刑の立法政策論でもあるとしている。

憲法は国の最高法規（憲法第九八条）であり、刑法はその下位法規である。したがって刑罰制度を含む刑事法制度は、憲法の規定・理念をより良く実現するように構成されなければならないとする。それゆえ死刑論の基礎は、憲法の規定・理念でなければならない。

まず最初に、死刑を含む刑事法制に関する憲法の基本規定は、憲法第三一条にあるとする。第三一条は、刑事法制に関して「何人も、法律の定める手続によらなければ、その生命若しくは自由を奪はれ、又はその他の刑罰を科せられない」と規定する。

したがって、憲法第三二条以下は、第三一条を具体化した規定と解すべきであると平川は立論する。

それゆえ憲法第三六条の「残虐な刑罰」は、「残虐と感じられる刑罰」ではなく、「憲法第三一条に反して科される刑罰」を意味することになる。

憲法第三一条は、文言上は「手続を法律で定めること」を規定しているが、「その手続が適正であること」すなわち「適正手続《デュープロセス》の原則」をも規定していると解されている、というものだ。以下、平川が『死刑をなくそう市民会議ニュース』(筆者が編集長)に寄せた論攷を紹介する。憲法の構成を法理念から読み解く平川の論攷は精緻をきわめるが、一般の読者には繁雑と思われる部分もあり、抄録をもって解説したい。

1　死刑を科す手続は、適正手続の原則に反している

死刑は人の生命を奪う極限的な刑罰であり、懲役刑等の自由刑とは質的に異なる刑罰である。手続はとくに適正性が保障された、慎重の上にも慎重な手続きであることが求められる。しかし、現在の死刑を科す手続は、適正手続の原則に照らしてきわめて問題が多いものである。

死刑事件に関しては、今までに四件の死刑確定事件が再審で無罪が確定している。また、再審開始には至っていないが、冤罪が強く疑われる事件は少なくない。このことは、死刑事件の捜査・起訴・裁判・有罪認定手続が適正でないことを示すものである。また、死刑選択の基準とされている「永山基準」も抽象的であいまいであり、死刑の選択が適正な基準と判断手続に基づいて行なわれているとは言い難い。

さらに、死刑確定後の処遇については、不必要な人権制限が多すぎることへの国際的な批判も強

い。死刑執行に関しても、具体的な執行方法を規定した「法律」がない（最高裁は太政官布告を根拠法規とする）ために、執行の対象者や執行時期を決定する基準が法定されておらず、執行が恣意的に決定され、執行の適法性を事前に争う余地もないなど、「法律の適正な手続きによる執行」が行なわれていないのが現状なのである。死刑は、適正手続の原則に反する手続によって科されていると言わざるをえない。

2　死刑は実体的適正の原則に反する刑罰である

「法律の定める手続によらなければ、生命を奪われない」と規定している憲法第三一条を反対解釈すれば、「法律の定める手続によって、生命を奪う」ことを許容しているようにも読むことができる。ただし、前述のように、第三一条の規定は、第一三条に基づいて解釈されなければならない。そこで問題は、「憲法第一三条は、国家が個人の生命を奪うことを許容しているか」ということになる。憲法第一三条は、「生命に対する国民の権利」が「公共の福祉に反しない限り、立法その他の国政の上で、最大の尊重を必要とする」としている。この条文は、「公共の福祉」のために必要な場合は、国家は個人の生命を奪うことも許されるとしているように読める。そうすると、問題は、「公共の福祉」とは何か、ということになる。

現在は、「公共の福祉」に関しては、「社会全体の利益」のような個人を超えた国家的・社会的利益を意味するという「外在的制約論」ではなく、これを人権と人権とが矛盾・衝突した場合の調整原理としてとらえて「人権が他の人権を不当に侵害しないための、人権に内在する限界」とする

「内在的制約論」が、広く認められている。この「内在的制約論」によれば、生命を奪うことが許されるのは、他の人の人権を守るためにその人の生命を奪うことが必要不可欠の場合に限られることになる。そして、人の生命を奪ってでも守らねばならない人権は、人の生命権以外にはありえない。そうだとすれば、死刑が憲法上許容されるのは、「他の人の生命を守るために個人を死刑にすることが必要である」こと、すなわち「他の人が殺されるのを防止するためには死刑が必要不可欠である」ことが論証できた場合に限られることになる。

しかし、死刑に殺人を防止する抑止力があるというエビデンスは存在しないから、このことを論証するのは不可能と言わざるをえない。このように見てくると、死刑は、適正手続の原則に反して科される、実体的適正の原則に反する刑罰と言わざるをえない。それゆえ、死刑は、憲法第三一条に反する刑罰というほかはない。そして、前述のように、憲法第三六条の「残虐な刑罰」は憲法第三一条の適正手続の原則と実体的適正の原則に反して科される刑罰を意味すると解されるから、死刑は、「残虐な刑罰」にあたると解されることになる。

3　第三一条の正当な解釈

憲法第三一条が、反対解釈すれば死刑を許容しているように読めることは否定できない。立法者意思は、死刑を許容するものであったと考えられる。しかし、憲法第一三条を現在の憲法学の理論水準に従って解釈する限りは、憲法は死刑を否定していると解するほかはない。そうだとすれば、憲法第三一条を死刑を容認したものと読むことはできない。その意味では、憲法第三一条を反対解釈して死刑を合憲とする解釈は、憲法理論上許容されなくなっていると言うべきである。

なお、「憲法的死刑論」は、憲法論としての死刑違憲論であるとともに、刑事立法論としての死刑廃止論でもある。死刑が合憲か違憲かを離れても、死刑が憲法の理念に反する刑罰であることは疑問の余地がない。憲法が「国の最高法規」（憲法第九八条第一項）であり、全ての法令が憲法の下にある以上、刑罰法規が憲法の理念に従い、それを忠実に実現するものでなければならないことは、法体系上当然のことである。立法論としても、死刑が廃止されるべき刑罰であることは、論を俟たない。

＊平川宗信の「憲法的死刑論」の詳細は、「死刑制度と憲法理念――憲法的死刑論の構想（上）（下）」（『ジュリスト』第一一〇〇号・第一一〇一号、一九九六年）を参照。この論文は『憲法的刑法学の展開――仏教思想を基盤として』（有斐閣、二〇一五年）にも収録されている。

「事実上の終身刑」は実行されている

われわれは「殺人者には死刑を」との声が充満している社会に生きている。この社会において、即時無条件の死刑廃止を唱えることは、かえって反発を呼ぶことになる。そこでわたしは終身刑の導入を提唱し、死刑判決をひとつでも減らし、死刑執行を停止することで、現実的・機能的な死刑廃止を提唱してきた。

終身刑（重無期刑）の導入によって、これを死刑に代替せしめる。ある意味では戦術的に、死刑廃止を実現するために提案されたことでもあった。まず議論として俎上にあがったのが、終身刑も「残虐なる刑罰」ではないのか、という疑問だったが、これはどう残虐に感じるかという主観的なものにしかならない。詳しくは後述する。

次に死刑廃止論者で、近代刑法の祖とも言うべき、チェーザレ・ベッカリーアの言うところを紹介しておこう。

もっとも大きな効果をおよぼすのは、刑罰の強さ（死刑）ではなく刑罰の長さ（終身刑）である。

刑罰が正当であるためには、人々に犯罪を思い止まらせるに充分なだけの厳格さを持てばいいのだ。そして犯罪から期待するいくらかの利得と、永久に自由を失うことを比較判断できないような人間はいないだろう。

このようにして、死刑と置きかえられた終身隷役刑は、かたく犯罪を決意した人の心をひるがえらせるに充分な厳しさを持つのである。（いずれも『犯罪と刑罰』）

カントはベッカリーアが社会契約説を承認していないと、その死刑廃止論を批判した（『人倫の形而上学』）が、ベッカリーアが言いたいのは死刑が有効ではないという意味なのである。その意味では、終身刑は死刑よりも厳しく、残虐な刑であると言いうるかもしれない。

こうした終身刑の真理が、実質を伴っていることをあらわす事実がある。実は日本においても、実際の刑罰として実行されているのだ。たとえば有名なところでは、一九八五年に起きた山口組の四代目（竹中正久）殺害事件である。

実行犯の五人は長期の懲役を終えて出所しているが、主犯格の石川裕雄受刑囚は無期懲役の判決で、いまも旭川刑務所に在監中である。仮釈放の打診はあっても、本人がヤクザから足を洗うことを肯んじえないからだ。石川の場合は元の組織はほぼ実体がないのだが、矯正当局に「ヤクザからの転向」を迫られて、それを拒否しているのだ。もうひとり、一九七一年に起きた渋谷暴動事件の中核派・星野文昭受刑囚も、組織を離れる表明をしないがゆえに、徳島刑務所に在監中に病死した。星野氏の遺族は冤罪を主張し、再審請求中である。

無期懲役の場合は、一〇年目から仮釈放のために申請が行なわれる（刑法第二八条）。そのさい、反省およびその実質として犯行時の組織からの離脱などが、ここに挙げた二人の場合には要件となる。石川受刑囚はいまだに「極道」であることを誇りに思っているし、星野受刑囚も中核派を離脱していない。石川受刑囚はアメリカ遊学経験もある大学出身のインテリヤクザで、星野受刑囚は高崎経済大学出身の学生運動家である。したがって、かれらに仮釈放が認められない事実は、かれらの「犯罪事実」ではなく、いまだに組織を離れない「思想」を裁いていることになるといえよう。検察庁は二〇〇〇年に、これらのいわゆる思想犯については仮釈放審査を除外するよう更生保護委員会に指示している。かように、司法の現場には恣意性があるのだ。

そしてもうひとつ特筆すべきことに、裁判官による判決の段階で、無期懲役囚の仮釈放を認めないとする例もあるのだ。ほかならぬオウム真理教裁判の判決で、教団幹部のひとりに宣告されたものだ。「仮釈放を認めない終身に近い無期懲役、事実上の終身刑が相当」と、判決文は締めくくられている（東京高裁、平成一五年九月二五日判決）。この判決を受けて、法務当局はおそらく仮釈放を認めないであろう。以下は、仮釈放の手続きである。

仮釈放は在監年数に応じて、刑務所所長から地方更生保護委員会に申請され、そこで審理されることになる。現状では三〇年以上の在監年数がひとつの目安となっている。これは有期刑の上限が三〇年ということから、刑法第二八条（懲役一〇年後の仮釈放検討）は実質的に空文化している。

二〇〇四年から二〇一三年までの一〇年間で、仮釈放で出所したのは四九人。獄死した受刑囚が一四六人だから、無期懲役囚のうち四人に三人は出所できないまま死んだことになる。仮釈放されたあとも引きつづき刑期であり、いまや無期懲役は法律上は終身刑なのである。そうであれば、終身刑に置きかえても不思議ではない。したがって刑法条文の書き換えこそが、必要とされているのである。その終身刑によって、死刑存置論者が論拠としている犯罪被害者遺族の被害感情を、ある程度であれば癒すことも不可能ではない。

懲役労働を賠償金に充《あ》てる

日本に被害者保障制度があるのは、あまり一般には知られていない。一九八〇年に制定された「犯罪被害者等給付支給金制度」である。これは生命または身体を害する犯罪により不慮の死をとげた者の遺族、または重傷害を受けた者に対する給付金である。その最高額は、四〇歳代前半の方で一〇〇〇万円ほどである。自賠償保険による給付が最高三〇〇〇万円なのに対して、三分の一である。しかも給付されたのは、年間二万五〇〇〇件の該当事件に対して、年平均二四〇人にすぎない。これでは不充分である。

そこでわたしは、犯罪被害者（遺族）への賠償金として、受刑者の懲役労働を充てることを提案したい。犯罪被害者および犯罪被害遺族への賠償として、自賠償保険なみの給付金にする必要がある。その一方で、死刑囚を終身刑として懲役労働を科す方法が考えられる。

現在の懲役労働では、1等級の優良な受刑者として、年収七万一八〇八円という数字を第五章で挙げた。刑務所内の労役の事業総体としては、刑務所と民間業者の契約で、刑務作業の売り上げは四〇億円（法務省平成二七年発表）である。かつては一〇〇億円近い収益をあげていたという。いずれにせよ、それらの収益は国庫に入る。

一方、死刑囚を生活させるための費用は一日一八〇三円である（法務省矯正局の二〇一六年実行予算による）。その内わけは、食費が五三三・一七円、寝具を含む被服費一五〇円、光熱費四八六円、医療費三二五円、備品代一二八円、施設の維持費一二一・二五円、その他五九・五八円なり。一日一八〇三円は月額五万五八九三円で、年間では六五万八〇九五円ということになる。

斎藤充功の『恩赦と死刑囚』（洋泉社新書）によれば、二〇一七年一〇月現在で全国の拘置所に一二四人いる死刑囚にかかる生活コストは年間で、八一六〇万あまりになるという。そうであれば、死刑囚を終身刑として懲役労働を科せばよいではないか。おそらく懲役労働を換算すれば、この費用をクリアしたうえで数十万円の利益が得られるはずだ。新たに設ける賃金の規準は、最低賃金制をもとにするしかないだろう。

これまで見てきたように、死刑をめぐる応報刑においては、被害者の救済がその実質とされてきた。被害者（遺族）感情を充たして被害を快復する、それは報復である。殺された被害者において、快復されるものとは何なのであろうか？　殺された被害者（故人）にとって、快復はほとんど不可能である。たとえば生きてきた被害者の名誉、あるいは死（生）という尊厳を護るために――。被害者の損失を快復できる指標はしかし、われわれには金銭という現実の価値をもってしか、およそ計ることはできないのである。

個別の感情や個々のケースによる事情は、残念ながら司法がとり扱うには複雑すぎるものがあるといえよう。そうであれば、われわれの社会が犯罪からの防衛をはかる方途が問われてくる。そのことによって、被害者の尊厳は社会防衛への貢献として保たれる。被害者遺族の感情もまた、罰せられたから元に戻るものではないという感想から救済されるのではないか。刑法理論における新社会防衛論は、終身刑による矯正によってこそ実質を得られるのだ。

終身刑をめぐる議論

最後に終身刑の導入について、碩学の言うところに耳をかたむけてみよう。『なぜ日本人は世界の中で死刑を是とするのか』（幻冬舎新書）という著書のある森炎《もりほのお》弁護士は元裁判官である。

森は本章の冒頭でふれた、仮釈放を認めない「事実上の終身刑判決」を考慮に入れた場合、「抜きがたい犯罪傾向を消滅させるため」に死刑を適用する理由はなくなるだろうと述べておられる。要点からいえば、死刑相当の殺人犯を仮釈放でふたたび社会に出すことができないならば、死刑とすることもやむをえない。しかるにそれは「死刑と無期懲役という二つの正規の刑罰の中で考えた場合」であるから「わが国では、ここ二〇年来の裁判の実務を通して、本来の刑罰体系に事実上の変更を加え、法律ではなく裁判で一種の終身刑を作り出しているわけです」。

森によれば「わが国の裁判実務で『事実上の終身刑判決』が定着したのは、平成に入ってから」だと言う。そして「実は『抜きがたい犯罪傾向を消滅させるために』というのは、今現在の死刑の理由としては大いに疑わしいわけです。この観点からする死刑には、必要性自体が認められないと言ってもよいでしょう」（前掲書）としている。

この結論に至るまでに、森は死刑による凶悪犯罪抑止効果が、存置前と廃止後では大きく変わらないこと、被害者への賠償という点では死刑より終身刑の方が優れている。あるいは「命が尽きるまで一生涯、刑務所の中」ということで「被害者感情もかなり収まりがつくのではないか」と問題提起して「こうしてみると、終身刑ではなぜ足りないのかという問いに対して、簡単には死刑肯定の側からの答えが出てこないことがわかります」という結論を得ている。わたしは大いに賛成したい。

さらに森は死刑判決を下す、もう一方の基本的観点として、犯罪被害の視点からもアプローチする。死刑にするとは、終身刑で「死ぬまでずっと檻の中に置いておくのでは足りなくて」、「今すぐ死なせなければならないということです」。それが「正義の実現」になるのかどうか。その懐疑的な視点は、死刑というものの成り立ちから解読されている。

死刑は私人の復讐（応報刑）から社会の安定（目的刑）のためのものとして、国家が私人に代わって正義を実現してきた。森の場合には「被害者の個人的な被害感情を国民の客観的な正義観念に洗練させ、法的確信にまで高めるもの」ということになる。したがって「生の被害感情と正義観念を同一化することはできない」のである。感情と理性の区分と言い換えてもいいだろう。ここまで森の論旨を逸してはいないつもりだが、わたしの引用が恣意的になっている嫌いがあるかもしれないので、ぜひとも同書をご精読いただきたい。

さらに森は死刑冤罪を挙げて、そこに不正義がある以上は、死刑は正義を実現できないとする。これもじつに明解な論旨である。もっとも、森も大阪の大阪教育大付属池田小学校の児童殺傷事件のごとく、殺人を目的とした殺人には、死刑にすることでしか人命尊重や人権尊重という理念は貫けないとする。これについてわたしは、応報刑でもなく目的刑でもない、終身刑の可能性を検討したいと思っている。

一方、刑務行政の現場に視線を持った、終身刑反対論にも頷かせるものがある。森の論考の対極にあるのが、河合幹雄氏（法社会学）の『終身刑の死角』（洋泉社新書）であろう。まず河合は、終身刑における刑務所内の処遇を問題にしている。すこし長いが、そのまま引用させていただく。

刑務所内で「仮釈放なしの終身刑」の受刑者が暴れた場合、刑務官はどのように対応するのか。他の受刑者の場合と同様に制圧にかかるのは当然だが、所内での自由の制約という制裁を加えたのち、やがて興奮が収まり反省させる段になったとき、さてどうするか。仮釈放のある無期懲役囚であれば「仮釈放が先に延びてしまうような行為は慎みなさい」などと諭すことができるが、「仮釈放なしの終身刑」の場合、このような〝脅し〟は使えない。

終身刑では、アメが通用しないというのである。

単純に考えれば、もっとも強力なムチとして効果が望めそうな〝脅し〟は刑罰を増すことなのだろうが、「仮釈放なしの終身刑」の上にある刑罰は死刑だけである。（いずれも前掲書）

なるほど、処遇面からの指摘は視点の違いを感じさせる。この前段で国会議員が議員立法として終身刑を提案することについて「残念ながら彼らは刑事政策に関しては素人であって、犯罪者とその処遇については、およそ具体的なヴィジョンを欠いたまま提案に動いているように思われる」というのももっともなこととなりそうだが、現場の視点を持とうとするのならば、現実に終身刑を行なっている現場に足を運ばないわけにはいくまい。河合はなるほど日本の刑務行政の現場をフィールドワークされているかもしれないが、それは終身刑の現場ではないであろう。

仮釈放の希望のない終身刑は残虐であり、死刑の方がまだましだとする考え方もある。一九九八年に下稲葉法務大臣（当時）は、衆議院法務委員会において「終身刑で社会から遮断された生活が続けば、人格が完全に破壊されるかもしれないとの結論から現行制度が妥当ではないかという思いに至った」

（朝日新聞報道）としている。これも「思いに至った」だけで、現場をみて言ったわけではない。具体的な調査もしていないであろう。

そうであれば、わたしのアメリカでの調査とフィールドワークを披瀝しないわけにはいかない。

アメリカの終身刑の実態

アメリカで死刑廃止の議論が起きたのは一九九〇年以降、二〇人もの冤罪死刑囚が処刑され、一五六の事件が再審で冤罪とわかったからだ。合衆国の正義が地に堕ちたとき、澎湃と議論がわき起こった。ここにわたしはアメリカの民主主義と博愛の力をみる。

アメリカでは、終身刑には「仮釈放《パロール》のない終身刑（Life Sentence Without Parole: LWOP)」と「パロールのある終身刑（Life Sentence With Parole: LWP)」の二種類がある。パロールのない終身刑でも、二〇年ないし三〇年すれば仮釈放するものもある。およそ三三の州がパロールを許さない終身刑を採用し、一四の州で二五年間はパロールにしない終身刑を採用している。

この終身刑に関する法律は、大別して二つある。ひとつは殺人など死刑相当犯罪に該当する第一級謀殺罪に適用する一般的なもの。もうひとつは常習累犯者やアルコール、麻薬中毒に対するものだ。市民はどう考えているのだろうか。

ネブラスカ州で、死刑廃止法案を検討している議会への資料として、九一年に電話による世論調査が実施されている。その結果は上掲のようになった。

調査項目	賛成（%）	死刑支持（%）	わからない（%）
25年間はパロールのない終身刑	31.0	51.6	13.0
40年間はパロールのない終身刑	39.7	46.4	10.7
パロールのない終身刑	46.0	42.9	8.9
パロールのない終身刑＋損害賠償	64.2	26.1	7.3

ネブラスカ州の世論調査

この調査で明らかになったのは、パロールのない終身刑＋損害賠償であれば、死刑支持が半減するということである。死刑廃止に賛成する人々が、じつに三分の二になるのだ。被害者感情に同情する鋭敏な感性が、刑罰と補償のバランスをここで保っているのだといえよう。

問題なのは、前節で河合氏の指摘を紹介した、刑務所内での終身刑受刑者の処遇の実態である。アメとムチが効かないのではないか。終身刑を導入したアメリカでは、いったいどうなっているのだろうか。終身刑によって凶悪な犯罪者に死刑がなくなるのだから、刑務所内での殺人や暴動が起きても不思議ではない。

入所後、数年経つと時間と場所に適合し、善良なる受刑者となる。むしろ問題なのは短期受刑者である。（*Newsday*, June 20, Life Without People）

こう述べるのは、パロールのない終身刑受刑者を収容しているミシガン矯正局のレオ・ラロンデ氏である。

アメリカだけではない。イギリスのウェストミンスター大学死刑研究センターのピーター・ホジキンソン教授は「イギリスには三〇〇〇人の無期受刑者がおり、三〇年以上服役している者も六人いるが、彼らは自殺していない。これは、長期の拘禁がただちに精神的苦痛を与えるものではないことを示している」（『死刑を考える』関東弁護士連合会）と述べている。ちなみに、海外では無期刑は終身刑と同義である。

精神を病む死刑囚

日本の現場にも耳をかたむけよう。二〇一七年五月に東京拘置所で病死した、元確定死刑囚の大道寺将司はこう述べている。

死刑囚は、単に長期間拘禁されているからではなく、死刑囚として、いつ処刑されるかわからないという状況に置かれたが故に、精神的に病んでしまうのです。〝いつ処刑されるかわからない〟という思いを抱かずにすむのであれば、長時間拘禁されても、精神病を病む人は少なくなるはずです。たとえ生涯、塀の外に出ることができなくともです。塀の中の生活もまた人生です。シャバとはかけ離れた厳しい生活のなかにも、喜びや生きがいを見つけ出すことは可能です。終身刑を死刑の代替制とすることで、一〇〇年先の死刑廃止の実現よりも、近未来の死刑廃止の実現をめざすべきだと思います。

（『キタコブシ』から要旨）

この一文は死刑制度に関するもので、なおかつ連続企業爆破という公安事犯の元死刑囚にして発信できたものかもしれない。さきに挙げた、極道の誇りをもって仮釈放に応じない石川裕雄懲役囚、獄中非転向のゆえに獄中四〇年以上（未決期間を含む）の星野文昭元受刑者（冤罪の再審請求中）など、知的水準も高く確信犯ともいえる人々にして、はじめて終身刑に近い無期刑を、精神的に安定したものとして過ごせるのかもしれない。しかし、大道寺氏の感想はまぎれもなく長期拘留死刑囚、つまり当事者からのものである。

河合氏の『終身刑の死角』で興味深かったのは、犯罪被害者遺族を三つのグループに分類し、その特徴を論じているくだりだ。法社会学の視点は社会学に近いものがあるのだなと思う。すなわち、第一のグループは厳罰を望んでおり、第二のグループは厳罰を望んでいない。しかるに、二つのグループは親族を失った事件からの再出発ができない傾向にあるとする。これとは別に、外部に意見を発信していない第三のグループがあるという。

それはメディアと接することを回避したグループで、第二のグループ同様に、厳罰を望んでいないとしている。第三のグループは厳罰の可否を超越したところから、再出発に成功した人々なのだという。この第三グループの人々は、はたして事件を忘れることで厳罰の可否を超越したのだろうか。さらなる研究が欲しいところだ。

被害者感情の多様性

被害者感情の多様性については、森炎が前掲書のなかでフェルトマン事件を挙げておられる。フェルトマン事件とは、一九八二年のクリスマス前夜にハリウッドの脚本家であるノーマン・フェルトマンの娘宅に三人組が押し入り、部屋を荒らしまわった挙げ句に母子を刺殺したものである。命乞いをする若い母親の前で赤ん坊を殺し、なおかつ母親（フェルトマン氏の娘）をレイプしてからメッタ刺しにするという凄惨きわまりない事件だったにもかかわらず、フェルトマンは「犯人が死刑になるより終身刑になるほうが多くの可能性をもたらす」と、死刑に反対したのである。

のちにインタビューに応じたフェルトマンは「殺人者をモンスターとして処刑しても自分たちの傷は癒されない。かえって傷口が広がるだけだという趣旨のことを述べています」（イアン・グレイ&モイラ・スタンレー『死刑★アメリカの現実』菊田幸一監訳、恒友出版）ということだ。

同じくアメリカの犯罪被害遺族で、マリエッタ・イエーガーという女性がいる。家族でキャンプ中に、七歳のひとり娘を誘拐されたうえ強姦殺人で失った。夫はその事件の心労で病死し、残された彼女は悲しみと犯人への憎悪でみずからも生きていけない心境に陥ったという。

しかし彼女は「報復のために加害者を殺しても、娘はもう還ってこない。殺すことが公正な報復であるという意見は、娘のかけがえのない価値をおとしめるものです。むしろわたしは、すべての生命は尊いものであり、守る価値があるものだと主張することによって、娘の命を尊重したい」として、死刑廃止運動に加わっている。

自分の弟を、生命保険金目的に殺された原田正治は、加害者の死刑執行に反対する嘆願を何度も法務大臣に出している。のみならず、われわれとともに死刑廃止運動に参加している。もちろん個別のケース、犯罪被害者遺族の個々の考え方である。犯罪被害者遺族の癒しや再出発を支援する一助とはなれても、われわれが遺族たちの感情を云々するべきものではないだろう。

日本社会の礼儀や親和性の高さは、ひるがえって排他的な共同体の残滓を引きずっているのでしょうか。そして近代の廃仏毀釈と武士道精神の温存が、断罪と切腹、すなわち「死んで責任をとる」文化を残してしまったのは間違いありません。それもしかし、じつに不徹底ではないでしょうか。

公文書の改竄を求められた下級官吏が自死を選び、本当に責任をとらねばならない立場の人間が栄転する官僚制度。そしてそれをゆるす、きわめて緩慢な政治文化。そんな緩慢な政治文化にもかかわらず、司法行政は死刑を命じることを躊躇わないのです。

今一度考えようではありませんか。二〇二〇年代の日本は、世界に向けて何を発信しようとしているのでしょうか。われわれはこの国の為政者に、人を殺めた者の生命の絶対不可侵性の基本原理を順守し、死刑を必要としない社会を実現させるため、死刑廃止に意識ある市民に今こそ働きかけなければならない。

あとがきに代えて——現在の死刑廃止運動

世界では死刑が廃止、ないしは中止という趨勢である。国家による野蛮に終止符を打ち、新たな社会を目指すための死刑廃止運動は、わが国ではどのように行なわれてきたのか。わたしが関わってきた運動の軌跡を紹介して、その概略を解説しよう。

「死刑廃止条約の批准を求めるフォーラム90」（以下フォーラム90）

フォーラム90は、国連が一九八九年一二月一五日に採択した、いわゆる自由権規約第二選択議定書（死刑廃止条約）の批准を求めるための市民運動として発足した。

フォーラム90は、「死刑執行停止連絡会議」（一九八八年発足）から筆者が個人として参加し、弁護士・安田好弘（死刑廃止弁護士会）の呼びかけに応じ発足準備に奔走した。フォーラム90の大会を日比谷公会堂で開催し、一四〇〇人が参集、学者、宗教者、作家らが広く各地で多様な市民運動を繰り広げる契機となり、今日では、地方でも独自にフォーラム90が発足し、日本での死刑廃止運動の要としての役割を担ってきた。

日本弁護士連合会「死刑廃止実現本部」（略称）

日弁連はNGOとしては日本最大の組織である。一九九一年、人権擁護委員会内に「死刑制度問題調査研究委員会」を設立した。二〇〇四年の人権擁護大会（宮崎）で「死刑執行停止の制定」を決議、二〇一一年の同大会（高松）で「死刑廃止検討委員」を設置した。二〇一六年の同大会（福井）で「二〇二〇年までに死刑廃止」宣言。現在に至る（詳細は後述）。

筆者は定年（七〇歳・二〇〇四年）前の二〇〇三年七月に第二東京弁護士会に弁護士登録し、日弁連内の「死刑廃止実現本部」委員となった。しかし実際に同委員会に出席したのは、その数年後であり、もっぱらフォーラム90の定例会議や「行刑改革会議」委員に選出されたこともあり多忙であった。

「フォーラム90」と「日弁連・死刑廃止検討委員会」

死刑廃止検討委員会に初めて出席したのは二〇一〇年二月の定例会議であった。委員長の加毛修氏や事務局長・小川原優之氏、小林修氏ら知人が迎えてくれた。この会議は月一度とはいえ昼食をはさみ夕方五時まで死刑論議がなされている。当初はフォーラム90の会合もあり弁護士会の会合は、可能な限り出かける予定のところ弁護士会の委員会を拠点として日本の死刑廃止運動を展開することが必要であると思うに至った。

死刑廃止検討委員会（以下、委員会）は、そのころ二〇一六年第五九回人権擁護大会（福井）で「死刑廃止宣言」を採択する準備をしていた。しかし理事会が最高権限を有する組織であり、理事会の理事たちを死刑廃止へ説得することが大変だったようだ。死刑廃止宣言までの関係者の苦労の詳細を項目だけ列挙する。

第五九回全国人権擁護委員会では、その年のシンポを三点としており、その一つに死刑廃止検討委員会が割り込む（最終決定権は理事会）には死刑廃止検討委員会だけでは困難であり、刑事拘禁委員会（責任者・海渡雄一氏）との、いわば多数派工作が必要であり、委員会名を「死刑廃止検討及び関連する刑罰制度改革実現本部」と改称し、海渡氏が理事らの説得に尽力し、一票差で福井大会へのシンポ参加が実現した。

二〇一六年六月一五日の大会では、大会出席者全員の挙手により過半数を得て二〇二〇年までに死刑廃止（刑務所改革を含む）実現宣言が成立した。

筆者は、宣言採決を前にフロアから発言を求め、日弁連だけで日本の死刑廃止を実現できるはずがない、しかし日弁連が主導する役割に期待せざるを得ない、そこでこの先、広く「市民会議」なるものを設置する付帯決議を付するべきだ、と述べた。この発言には何らの反応もなかった。

福井大会後の最初の委員会が二〇一六年一二月一九日に開かれた。ここでは大会後も死刑だけではなく行刑改革も並行するかの議論で一部には「死刑廃止」に限定すべきだとの発言もあったが、執行部の意向からこの案は割愛された。

二〇一七年一〇月一二日の委員会冒頭で、加毛委員長が「日弁連として国民を含む死刑をなくそう市民会議（廃止国民会議）を具体化させたい。菊田先生のご意見はいかがですか」と司会者（小川原弁護士）を越え意見を求めてきた。

これに対し筆者は「素晴らしいことです。立ち上げるには上からの発想ではなく市民一般からのもり上がりを基本とし、日弁連委員が個人として参加し宗教家、学会、マスコミ等、死刑問題に意識ある層の個人または団体からなる会議の設置を願いたい」と短かく述べた。

市民会議発足とその存在意義

市民会議は日弁連はもとより、すべての死刑廃止グループを背景とし、市民会議が主体的にひろく市民に呼びかけ廃止への先導役を果たす立場となった。この位置付けは、当初の日弁連を主体とする市民運動の体制から、上述のような日弁連内の態様変動から生じたものである。市民会議が主体的に死刑廃止のために働く使命が与えられたのであった。

ここで改めてこの点を整理するならば、要点は以下に指摘できる。

第1　市民会議は、日本の死刑廃止運動歴においてこれまでに実現できなかった、弁護士会（日弁連）、学界、宗教界、労働団体、被害者関係、市民運動グループ等から運営委員として参加し、共同代表世話人制をとった。

第2　市民会議は、日弁連死刑廃止本部で重要な役割を果たしている弁護士ら数名が市民会議の運営委員に名を連ねている。同じくフォーラム90において長年にわたり中心的役割を果たしている深田卓、石川顕氏が運営委員として参加された。むろん安田好弘、海渡雄一、両弁護士や田鎖麻衣子弁護士も「呼びかけ人」として名を連ねている。

第3　市民会議は、かくして日弁連、フォーラム90、監獄人権センター等の組織をも背景とし、一〇〇名以上の著名人らを含む「呼びかけ人」をバックに死刑廃止運動を展開する機関として発足した。

第4　市民会議は、基本的には、既存の死刑廃止グループが組織事情の関係からなし得なかった死刑廃止の課題に、積極的に取り組む方針を約束するものとなった。

主な参考文献一覧

『新実用聖書注解』（新実用聖書注解常任編集委員編、いのちのことば社）
『旧約聖書　創世記』、『旧約聖書　出エジプト記』（関根正雄訳、岩波文庫）
『新訳聖書』（塚本虎二訳、岩波文庫）
『ギリシア哲学者列伝（下）』（ディオゲネス・ラエルティオス、加来彰俊訳、岩波文庫）
『プロタゴラス　ソフィストたち』（プラトン、藤沢令夫訳、岩波文庫）
『プラトン全集』（田中美知太郎・藤沢令夫編、岩波書店）
『法律』（プラトン、森進一・池田美恵・加来彰俊訳、岩波文庫）
『古代ローマ帝国の研究』（吉村忠典、岩波書店）
『岩波講座　世界歴史5――帝国と支配』（樺山紘一、岩波書店）
『犯罪と刑罰』（チェザーレ・ベッカリーア、風早八十二訳、力江書院）

『人倫の形而上学』（カント）
『罪と罰』（ドストエフスキー、池田健太郎訳、中央公論社）
『死刑囚最後の日』（ユーゴー、豊島与志雄訳、岩波文庫）
『復活』（トルストイ、木村浩訳、新潮文庫）
『無知の涙』（永山則夫、合同出版）
『ヘーゲル　法哲学講義』（長谷川宏訳、作品社）
『ヘーゲル　法の哲学』（上妻精・小林道憲・高柳良治、有斐閣新書）
『医者と殺人者――ロンブローゾと生来性犯罪者伝説』（ピエール・ダルモン、鈴木秀治訳、新評論）
『新社会防衛論――人道主義的な刑事政策の運動』（マルク・アンセル、吉川経夫訳、法務省大臣官房司法法制調査部・一粒社）
『古事記』（倉野憲司校訂、岩波文庫）
『日本書紀』（井上光貞監訳、中公文庫）
『魏志倭人伝・後漢書倭伝・宋書倭国伝・隋書倭国伝』（和田清・石原道博編訳、岩波文庫）
『日本行刑史』（瀧川政次郎、青蛙房）
『山口組と戦国大名』（横山茂彦、サイゾー）
『保元物語　平治物語』（岩波書店）
『日本霊異記』（多田一臣校注、ちくま学芸文庫）
『日本法制史概説』（石井良助、弘文堂）
『日本の古代社会と刑法の成立』（杉山晴康、敬文堂）

『平安時代の死刑』（戸川当、吉川弘文館）
『続日本紀』（平凡社東洋文庫）
『死刑と宗教』（佐藤友之、現代書館）
『雨月物語』（高田衛・稲田篤信校訂、ちくま学芸文庫）
『保元・平治の乱を読みなおす』（元木泰雄、ＮＨＫブックス）
『愚管抄』（丸山二郎校注、岩波文庫）
『武士と世間――なぜ死に急ぐのか』（山本博文、中公新書）
『延慶本平家物語全注釈』（汲古書院）
『宮尾本　平家物語』（宮尾登美子、朝日新聞社）
『新平家物語』（吉川英治、新潮文庫）
『今昔物語集』（上中下巻、池上洵一編、岩波文庫）
『神仏習合』（義江彰夫、岩波新書）
『戦場の精神史』（佐伯真一、ＮＨＫブックス）
『喧嘩両成敗の誕生』（清水克行、講談社選書メチエ）
『百姓から見た戦国大名』（黒田基樹、ちくま新書）
『上杉氏年表』（池亨・矢田俊文、高志書院）
『甲陽軍鑑大成』（汲古書院）
『太平記』（山下宏明校注、新潮社）

『信長公記』（中川太古訳、新人物文庫）
『年報・死刑廃止』（インパクト出版会）
『光茂公譜考補地取』（佐賀県近世史料、佐賀県立図書館）
『武士道』（新渡戸稲造、矢内原忠男訳、岩波文庫）
『ギロチン』（カミュ、杉捷夫・川村克己訳、紀伊國屋書店）
『犯罪白書』（法務省法務総合研究所）
『警察白書』（警察庁）
『死刑論』（木村龜二、弘文堂）
『死刑廃止・日本の証言』（菊田幸一、三一書房）
『憲法的刑法学の展開——仏教思想を基盤として』（平川宗信、有斐閣）
『恩赦と死刑囚』（斎藤充功、洋泉社新書）
『なぜ日本人は世界の中で死刑を是とするのか』（森炎、幻冬舎新書）
『終身刑の死角』（河合幹雄、洋泉社新書）
『死刑を考える』（関東弁護士連合会）
『死刑★アメリカの現実』（イアン・グレイ&モイラ・スタンレー、菊田幸一監訳、恒友出版）
『「被害者問題」からみた死刑』（イワン・シモノビッチ編著、菊田幸一監訳、日本評論社）

菊田幸一（きくた・こういち）
一九三四年生まれ。一九五七年、中央大学法学部卒業。一九六四年、明治大学大学院博士課程修了。一九六三～六四年、カリフォルニア大学犯罪学部留学。大学院在学中より法務省法務総合研究所研究官補（一九六二～六七年）を経て、明治大学法学部教授（二〇〇四年定年退職）。現在、弁護士、明治大学名誉教授、法学博士（明治大学）。主要著書に『犯罪学』（成文堂、一九七一年、現在九訂版）ほか。

死刑と日本人

２０２２年７月10日　初版第１刷印刷
２０２２年７月20日　初版第１刷発行

著　者　菊田幸一
発行者　福田隆雄
発行所　株式会社作品社
〒１０２-００７２　東京都千代田区飯田橋２-７-４
電話　０３-３２６２-９７５３
ファクス　０３-３２６２-９７５７
振替口座　００１６０-３-２７１８３
ウェブサイト　https://www.sakuhinsha.com
編集協力　横山茂彦
装幀　小川惟久
本文組版　大友哲郎
印刷・製本　シナノ印刷株式会社

ISBN978-4-86182-899-7　C0030　Printed in Japan
落丁・乱丁本はお取り替えいたします
定価はカヴァーに表示してあります

科学の女性差別とたたかう

脳科学から人類の進化史まで

アンジェラ・サイニー
東郷えりか訳

「“女脳”は論理的ではなく感情的」「子育ては母親の仕事」「人類の繁栄は男のおかげ」……。科学の世界においても、女性に対する偏見は歴史的に根強く存在してきた。こうした既成概念に、気鋭の科学ジャーナリストが真っ向から挑む!

神経科学、心理学、医学、人類学、進化生物学などのさまざまな分野を駆け巡り、19世紀から現代までの科学史や最新の研究成果を徹底検証し、まったく新しい女性像を明らかにする。自由で平等な社会を目指すための、新時代の科学ルポルタージュ。